D1717793

Aufwachen!

Heidi, wach auf! Heidi reveille-toi!

Originaltitel: Heidi réveille-toi (aus dem Französischen von Corinna Doose)
© 2014 by Europa Verlag AG Zürich

Lektorat: Moritz Kienast
Umschlaggestaltung und Satz: Christine Paxmann text • konzept • grafik
Druck und Bindung: CPI books, Ulm

ISBN 978-3-906272-00-9

Robert Salmon &
Christopher Cordey

Aufwachen!

Ist die Schweiz in die Falle ihres

eigenen Erfolgs getappt?

«Die Schweizer stehen früh auf, aber sie erwachen spät.»

Willi Ritschard, ehemaliger Bundesrat (1973–1983)

INHALT

VORWORT

«Wenn man weiß, was man weiß, und sieht, was man sieht, darf man wohl das denken, was man denkt.»
SCHWEIZER SPRICHWORT

Heidi, wach auf! möchte vor den Gefahren warnen, die den Erfolg der Schweiz bedrohen, und einen heilsamen Sensibilisierungsprozess fördern. Dieses Buch versteht sich als staatsbürgerliche Verpflichtung. Unser Manifest nimmt bisweilen die Züge eines Pamphlets an. Es schreckt auch nicht davor zurück, angesichts gewisser Einstellungen unserer Mitbürger – teils sind sie zu selbstsicher, teils zu anfällig für nicht immer gerechtfertigten Druck von außen – «mit der Faust auf den Tisch zu schlagen».

Die Neutralität, die direkte Demokratie, die Arbeitsauffassung unserer Mitbürger, ihre Innovationsfähigkeit und ihre weise und vorsichtige Verwaltung sind nur einige der vielen Tugenden, die zu dem unbestrittenen Erfolg des aktuellen Schweizer Modells beigetragen haben.

Weniger klar ist, ob sich die Erfolgsrezepte der Vergangenheit auch in Zukunft noch endlos fortsetzen lassen können. Die Zeiten ändern sich mit schwindelerregendem Tempo, und die Schweiz wirkt heute wie eine im Ozean der Globalisierung verlorene Insel des Wohlstands, eifersüchtig beäugt und in Stücke gerissen. Dabei hängt die Zukunft des Landes auch von Außenstehenden ab, die unsere Mitbürger gar zu oft zu vergessen scheinen. Hiervon zeugen die zunehmend schweren Angriffe auf bestimmte Praktiken, die zum Wohlstand der Schweiz geführt haben, u. a. gewisse steuerliche Vorteile oder das Bankgeheimnis, die lange Zeit akzeptiert und geduldet wurden, nun aber nicht länger erwünscht sind.

Mit dem Finger auf eine kleine Nation in guter Verfassung zu zeigen, ist eine Übung, der sich so manches Land genussvoll hingibt. Dieses Ablenkmanöver der eigenen öffentlichen Aufmerksamkeit bewahrt diese Länder in vielen Fällen davor, sich mit ihren eigentlichen Problemen auseinanderzusetzen. Dabei sollten sie lieber vor der eigenen Türe kehren.

Tatsächlich ist die Europäische Union heute einer beunruhigenden Stagnation und einer gar zu technokratischen Handlungsweise ausgesetzt, und sie enttäuscht die Hoffnungen, die bei ihrer Gründung in sie gesetzt wurden. Das Glas ist halb voll, die Schwierigkeiten lassen es jedoch halb leer erscheinen. Es liegt auf der Hand, dass Brüssel als allzu weit von den Erwartungen der Bevölkerung entfernt empfunden wird.

Heidi, wach auf richtet sich demzufolge an alle sozial, wirtschaftlich und politisch Verantwortlichen, an aktive Bürger, an die aufstrebende Generation und an die Schweiz von morgen. Kurz, an alle, die den Status quo und die Rolle des Prügelknaben ablehnen und sich eine emanzipierte, zukunftsorientierte Schweiz wünschen. Das Ganze ist ein Echo auf die 2013 vom damals amtierenden Bundespräsidenten der Schweizerischen Eidgenossenschaft, Ueli Maurer, gemachten Äußerungen, dass ihm die Schweiz heute wie David im Kampf gegen Goliath erscheine.

Der Besitzstand währt nicht ewig. Das Schweizer Kollektivgedächtnis hat noch die Erinnerung eines Landes vor Augen, das einst so arm war, dass die Menschen auswanderten und sich den Regimentern im Dienste der Könige von Frankreich oder des Papstes anschlossen.

Es erscheint uns sachdienlich, notwendig und fundiert, VORSICHT, GEFAHR! zu rufen. Eine tief greifende Infragestellung ist erforderlich, da Vorsicht bekanntlich besser als Heilung ist und die Vogel-Strauß-Politik – nicht sehen, nicht handeln – der Zukunft schon bald schaden könnte.

Beispielsweise sollte die durch die direkte Demokratie verursachte Langsamkeit nicht zu einem lähmenden Faktor in einer Welt werden, deren rasende Entwicklung eine höhere Reaktionsgeschwindigkeit erforderlich macht. Und was für eine Gewichtung hat schon ein klitzekleines Land angesichts der riesigen Zusammenschlüsse, die weltweit vor sich gehen?

Die immense Herausforderung der Schweiz liegt heute darin, die Mentalität einer abwartenden, allgemein eher hoffnungsvollen Bevölkerung ohne bedeutende materielle Sorgen zur Weiterentwicklung zu bringen. Besonders ihrer oft «goldenen» Jugend, die sich im staatsbürgerlichen Sinne nur wenig engagiert und sich nicht genug beachtet fühlt. Keine einfache Aufgabe, die jedoch für das Fortbestehen unseres Landes von höchster Bedeutung sein wird.

Viele glauben, die Schweiz sei Klassenbester, ein Wunderkind. Dabei wird es bis 2030 nicht mehr darum gehen, die aktuelle Situation aufrechtzuerhalten, sie fortwähren zu lassen oder zu verteidigen. Es wird um weitaus mehr gehen, wenn wir eine entschlossene, starke, stabile, sichere und selbstbewusste Schweiz wollen! Es geht darum, unsere Originalität zu behaupten, schnellere Entscheidungen zu treffen, den Pioniergeist neu zu entfachen, Risiken einzugehen und gemeinsam eine dynamische und überzeugende Vision zu entwickeln.

Kontinuierliche Bemühungen für zukunftsorientierte Analysen sind heute absolut unumgänglich. Eine systematische, strategische Frühaufklärung ermöglicht, Risiken vorherzusehen und drohende Krisen zu bewältigen. Eine Notwendigkeit, die noch oft unterschätzt zu werden scheint. Dieses Buch soll einige Anregungen hierfür geben.

Veränderungen müssen in Zeiten des Wohlstands eingeleitet werden. Die Geschichte beurteilt Politiker nicht nur nach der Wahrung bestimmter Errungenschaften oder der Einführung einer neuen «Mäßigung», sondern vor allem nach einer inspirierenden Vision, die viele unserer Mitbürger erwarten.

Wir sagen Nein zu einer Schweiz ohne Vision!

Wann wird es endlich ein Eidgenössisches Departement für Zukunftsangelegenheiten geben?

Kapitel 1

WILLKOMMEN IN HEIDILAND!

«So überragend ist die Schweiz gar nicht: Was würde ihr bleiben, wenn man ihr die Berge wegnähme?»
ANONYMUS

Es gibt zwei Möglichkeiten, einen Frosch zu kochen. Bei der ersten sollten Sie zunächst sicherstellen, dass sich kein Aktivist aus dem Umfeld von Brigitte Bardot oder PETA in der Nähe befindet, und dann werfen Sie die Amphibie direkt in einen Topf mit kochendem Wasser. Wenn Sie diese Option wählen, wird der Frosch alles versuchen, um aus dem Topf wieder herauszukommen.

Die zweite Möglichkeit besteht darin, den Frosch in denselben Topf zu legen, allerdings mit lauwarmem Wasser. Nun erhöhen Sie die Temperatur schrittweise. Anfangs fühlt sich der Frosch wohl, schläft langsam ein und lässt sich so schließlich kochen.

Diese von Peter M. Senge benutzte Parabel ist für manche Unternehmen und manche Wohlstandsstaaten symptomatisch, die sich vom Erfolg einschläfern oder regelrecht «benebeln» lassen. Die Reaktionen dieser Unternehmen erinnern zum Teil an die des Frosches im anfangs lauwarmen Wasser: Sie reagieren einfach nicht auf die stattfindenden Veränderungen. Einbußen im Hinblick auf Wettbewerbsfähigkeit und Leadership sind vorprogrammiert, ein schleichendes Dahinsiechen könnte folgen, und das alles, ohne sich dessen überhaupt bewusst zu werden. Lauern diese Fallstricke des Erfolgs nicht auch im Heidiland?

Die Schweiz ist ein bezauberndes kleines Land mitten in Europa, das von Selbstzweifeln gequält wird. Eine Insel des Wohlstands mit ihren wunderschönen Alpenlandschaften, atemberaubenden Seen, reizvollen Villen und Dörfern. Ein Ort, an dem alles bestens funktioniert. Ein Land, in der die Kriminalität zwar zunimmt, jedoch im Zaum gehalten wird. Kaum vorhandene Arbeitslosigkeit. Ein Schlupfwinkel für multinationale Konzerne, die von der Ruhe des sozialen Friedens angezogen werden, zudem Sozialabgaben, die viermal niedriger sind als zum Beispiel in Frankreich. Nicht zu vergessen die extrem attraktive Steuerpolitik – für jeden mit Verhandlungsgeschick – und eine Infrastruktur, die gegenwärtig noch zu den Top 5 gehört.

Die Schweiz zeigt dennoch erste Anzeichen von Müdigkeit durch den demografischen Stress, dem das «kleine Land der Mitte» im Lauf der Zeit ausgesetzt war.

Die Schweizer sind dafür bekannt, seriös, erfinderisch, streng, wohlerzogen und fleißig zu sein. Es müsste eigentlich ein kleines Paradies auf Erden sein, dessen Umfeld sich permanent weiterentwickelt und wo die Globalisierung für völlig neue Gegebenheiten sorgt. Nur leider wird die Zukunft nicht aus der Fortsetzung der Vergangenheit und unserer Gewohnheiten bestehen. Gerhard Schwarz und Urs Meister von der Denkfabrik Avenir Suisse nennen das «Aufruhr im Paradies».

Der Zusammenhalt dieses Landes erscheint einzigartig, wenn wir bedenken, dass drei entscheidend unterschiedliche Kulturen (und mit der rätoromanischen Kultur sogar vier) – die alemannische, französischsprachige und italienische Schweiz – hier relativ harmonisch zusammenleben. Gewiss gibt es Reibungen, aber die ausgefallene, dreistufige Struktur auf föderaler, kantonaler und kommunaler Ebene macht es möglich, einen *Großteil der aus diesen kulturellen Unterschieden entstehenden Konflikte zu vermeiden.*

Die Schweiz und ihre Einwohner haben eine regelrechte Abneigung gegen Konflikte. Die Suche nach Kompromissen ist ein tief verankerter Charakterzug der Schweizer Seele.

Das beste Beispiel hierfür ist das berühmte Einspruchsrecht für Studenten, die sich bei einem Wettbewerb oder einer Prüfung schlecht beurteilt oder benotet fühlen. Ein imposantes fachkundiges Gremium kann einberufen werden, um ihrer Forderung eventuell Folge zu leisten. Ein Aspekt, der vielen unsinnig erscheint.

Das Land ist wohlhabend und wird beneidet, aber alles wurde dafür konzipiert und ist darauf ausgerichtet, festzuhalten, zu verharren, zu reproduzieren – und damit wahrscheinlich eine Weiterentwicklung zu verhindern. Veränderungen erdulden, anstatt die Zukunft zu gestalten! Auch wenn wir zugeben müssen, dass das bisher sehr gut funktioniert hat.

Es breitet sich allerdings eine dumpfe Sorge in dieser verstörten, sich ungemein schnell ändernden Welt mit wachsenden Ungerechtigkeiten aus, in der die neue Normalität Flüchtigkeit heißt. Eine Welt, die obendrein mitten in einer europäischen Union am Rande des Nervenzusammenbruchs liegt, die von Jugendarbeitslosigkeit zermürbt wird und den Aufstieg nationalistischer Bewegungen kaum noch kontrollieren kann. Dieses zerrüttete Europa erscheint heute wie eine technokratische Struktur, die viel zu weit von den Realitäten ihrer Mitgliedsländer entfernt ist, ohne Vision und unfähig, die Herausforderungen dieser so komplex gewordenen Welt anzunehmen.

Was aber wird aus der Schweiz, wenn ihr hauptsächlicher Partner Europa auseinanderbricht? Was wird aus der Schweiz, wenn Frankreich, ihr *drittgrößter Handelspartner, keinen Mut zu Reformen findet und von der Liste der Großmächte verschwindet?*

Die Globalisierung, der unaufhaltsame wirtschaftliche und politische Aufstieg der aufstrebenden Märkte, der von den allgegenwärtigen Technologien stimuliert wird, machen neue innovative Ansätze dringend erforderlich, auf die viele Länder jedoch nicht richtig vorbereitet zu sein scheinen.

Willkommen in Heidiland!

Willkommen im Land des tipptopp Tadellosen und Großartigen, im Land der UBS, FIFA-Ethik, der Vortrefflichkeit und Überqualität, vom «Warum etwas ändern, wenn alles gut läuft» und «Wir sind die Besten»!

Ist die Schweiz in die Falle ihres eigenen Erfolgs getappt?

Kapitel 2

EINIGE TATSACHEN ÜBER DIE SCHWEIZ VON GESTERN. WAS ABER WIRD AUS DER SCHWEIZ VON HEUTE?

«Eine Hälfte der Schweiz ist die Hölle, die andere das Paradies.»
VOLTAIRE

Die Neutralität, die lange ein unbestrittener Vorteil war, hat die Schweiz zu einem ruhigen und friedlichen Zufluchtsort mitten in einem Europa gemacht, das über Jahrzehnte und sogar Jahrhunderte hinweg von Rivalitäten und Kriegen zerrüttet wurde. Jedes Land zog einen Nutzen daraus, einen tröstlichen Hafen des Friedens vor der Haustür zu haben. Heute hat diese Neutralitätsidee stark an Relevanz eingebüßt: Einerseits durch die Weiterentwicklung der Welt, andererseits durch den Aufbau der Europäischen Union, die den Kontinent jetzt vor Konflikten wie den beiden vergangenen Weltkriegen oder dem Kalten Krieg schützt.

Bereits vor der schweren Bank- und Finanzkrise im Herbst 2008 stellten sich die Schweizer Journalisten Fragen über die Position des Landes auf dem Schachbrett der Welt und über die Rolle, die dieses attraktive Einwanderungsland mit 9,5 Millionen Einwohnern bis 2030 in Zukunft spielen könnte. Handeln oder erdulden?

Pläne, Budgets, Jahresvergleiche und Analysen geben vor, einen sich wiederholenden Entwicklungsprozess anzutreiben, der Ungewissheiten reduziere. Was macht man aber, wenn die Zukunft keine Wiederholung, keine Neuauflage der Vergangenheit mehr ist, um sich ihr mit all ihrer Komplexität und Ungewissheit zu stellen und die Vergangenheit nicht länger einfach nur zu reproduzieren?

Heidis acht Geheimnisse, die die anderen rasend machen

Die Schweiz ist eines der reichsten Länder der Welt und bleibt ein politischer Zwerg, was uns wahrscheinlich ganz gelegen kommt. Wir sind eine Ausnahme. Der Jahresbericht des IMD (International Institute for Management Development) stellt uns auf den ersten Rang in Sachen Wettbewerbsfähigkeit, so auch das Weltwirtschaftsforum (WEF – World Economic Forum) mit einer Note von 5,7/7. Im Bereich Innovation behält die Schweiz ihren ersten Platz im Global Innovation Index 2013 und 2014, der jährlich von der Cornell University, der Business-School Insead und der Weltorganisation für geistiges Eigentum (WIPO – World Intellectual Property Organization) veröffentlicht wird. Um dem Ganzen noch die Krone aufzusetzen, räumt die Schweiz den ersten Platz im Country Brand Index (CBI) 2012/2013 ab, der von Futurebrand herausgegeben wird, und wird zudem als *Modellnation für eine moderne Ära* angesehen.

Im Nation Brands Index (NBI) von Präsenz Schweiz – dem Organ für die «Wahrnehmung der Schweiz im Ausland» – ist die Ehre gerettet, da wir 2012 und 2013 den 2011 verlorenen achten Platz zurückerobert haben.

Was haben wir also, was die anderen nicht haben? Welche Geheimnisse verbergen sich hinter dem Erfolg, der dieses Land mit acht Millionen Einwohnern zu einem so beliebten Sündenbock macht?

Wir verzichten auf die sieben Zwerge von Schneewittchen, die vielfach in den Schweizer Durchschnittsgärten hübsch aufgestellt vorzufinden sind, und schließen uns lieber Gerd Habermann bei seiner Aufzählung der sieben Geheimnisse an, die uns den Neid der anderen bescheren.

1) *Glück ist eine Tugend*: Eine ideale geografische Lage durch die Position als Knotenpunkt aller Transporte aus ganz Europa. Behüteter Wohlstand mit der Wahl der Neutralität, die von dem Wohlwollen der Großmächte in guten Zeiten wie in Kriegszeiten ermuntert wurde.

2) *Die Ehrung der Geheimhaltung*: Egal, ob es sich um das Bankgeheimnis, Pastoralgeheimnis oder die Schweigepflicht von Ärzten oder Anwälten handelt, die Schweiz stellt die Geheimhaltung und die Wahrung der Privatsphäre über alles. Eine Tradition der Geheimhaltung, die sich über Jahrhunderte hinweg entwickelt hat. Dank einer Bourgeoisie, die sich im Laufe der Jahre bereichern konnte und von den menschlichen und wirtschaftlichen Dramen, die ihre Nachbarländer erlitten haben, verschont geblieben ist.

3) *Der Staat, das sind wir*: «Die Schweiz ist in der Tat mehr eine ‹Genossenschaft› als eine ‹Herrschaft›», so der deutsche Wirtschaftsphilosoph Gerd Habermann. In der Schweiz ist die bürgerliche Gleichstellung ein Wert an sich. Die Bürger haben ein Mitspracherecht und können die Politik direkt beeinflussen: von der Wahl eines Richters bis hin zu unterschiedlichsten Abstimmungen. Das demokratische Arsenal ist beeindruckend: Bürgerinitiativen, Volksentscheide usw.

4) *Die Non-Zentralisierung:* Kein allmächtiges Staatsoberhaupt, sondern ein per Rotation jährlich gewählter Bundespräsident. Macht und Steuerhoheit befinden sich in den Händen der Kantone und Gemeinden, die Eidgenossenschaft hat nur ein prekäres Besteuerungsrecht. Es besteht keine zerstörerische

Vorherrschaft der Parteien, sondern ein Ganz-Schweizerisches Gleichgewicht innerhalb des Bundesrats. Eine Bürokratie, die sicher nicht zu den dynamischsten zählt, aber auch nicht völlig bewegungslos ist.

5) *Subsidiarität:* Hiermit ist die Bewegung zur Eigenverantwortung gemeint, die von der untersten Ebene ausgeht und nach oben vordringt. Es handelt sich um eine Kompromissbereitschaft in Reinform. Zugeständnisse machen, um besser kooperieren zu können.

6) *Kleine Fläche – strategisch wichtiger Knotenpunkt:* Die geringe Größe der Schweiz (maximal ca. 350 km von West nach Ost gegenüber höchstens ca. 220 km in der Nord-Süd-Ausdehnung) ist eine Glückssache. Vor allem in turbulenten Phasen ist es stets einfacher, die Zukunft von acht Millionen Menschen (entspricht etwa einem Stadtviertel von Tokio) als von immensen Bevölkerungsansammlungen zu steuern. Zudem sind kurze Distanzen dialogfördernd und erleichtern die Verwaltung politischer Einheiten. Die Schweiz hat von jeher dank der Kontrolle der Alpenpässe von ihrer Lage als Knotenpunkt profitiert.

7) *Ein willkommener Zufluchtsort:* Sei es aus migratorischen, ökonomischen, steuerlichen, politischen oder intellektuellen Gründen. Schon immer hat die Schweiz auch hier von ihrer durch die Neutralität geförderten Mittler-Rolle profitiert.

Sicher ist die Schweiz ein Einwanderungsland, aber nur für «ausgewählte Zuwanderung».

8) *Eine Verwaltung im Dienste des Volkes:* Weitgehend auch Milizsystem genannt: Diese Verwaltung dient vor allem dem politischen Willen der Bürger und keinen privaten Interessengemeinschaften.

François Garçon erwähnt in seinem Buch *Le modèle suisse,* dass einer der Schlüsselfaktoren des Schweizer Erfolgs das System der direkten Demokratie sei. Der oft gerühmte Schweizer

Föderalismus sei nichts anderes als ein dynamischer Prozess, der «nach einem Gleichgewicht zwischen zentripetalen und zentrifugalen Kräften sucht».

Das bedeutet herausragendes Know-how bei der Verteilung der Aufgaben. Also, unleugbare geopolitische Faktoren, die Stärke der Neutralität und die Tugend der Geheimhaltung. Zudem aber auch Föderalismus und Liberalismus, nationale Unabhängigkeit und auserwählte Immigration, nicht vorhandene Zentralisierung und eine Konsenskultur. Und außerdem: Garantien für Privateigentum und steuerliche Attraktivität. Deshalb werden wir beneidet. Nicht nur für unseren derzeitigen Erfolg, sondern vor allem, weil dieser Erfolg nicht nur das Ergebnis unseres politischen und wirtschaftlichen Systems ist. Das Glück hat sein Scherflein dazu beigetragen, und wir profitieren von dieser Grundrente, ähnlich wie in Frankreich, «dem Rentenland», wie Jacques Attali zu sagen pflegt. Können wir, um morgen fortzubestehen, dieselben siegreichen Schemata nach Lust und Laune wiederholen?

Wie sieht die Kehrseite der Medaille dieser allgemeinen Zufriedenheit, dieser den Schweizern ach so lieben Konsensbereitschaft aus? Macht diese Konsensbereitschaft nicht jede unternehmerische Regung, jeden Elan einer (alles in allem) gut ausgebildeten Jugend zunichte?

Das sind einige Tatsachen über die Schweiz von gestern. Aber was wird aus der Schweiz von heute? Sorgt sich überhaupt noch jemand um seine Zukunft? Sollte gar die Schweizer Jugend eine neue Vision in sich tragen, an der es heute so schmerzhaft fehlt? Wird sie den Mut besitzen, sich zu engagieren und den Status quo infrage zu stellen?

Zügeln wir unseren Stolz!

«Die Schweizerinnen und Schweizer sind so stolz auf ihr Land (86%) wie noch nie. Das geht so weit, dass sie sich stärker mit der Nation als mit der eigenen Wohngemeinde identifizieren», stellt das «Sorgenbarometer 2012» der Crédit Suisse fest. Dennoch bleiben die Angst vor Arbeitslosigkeit und vor Ausländern sowie die Reform der AHV (Alters- und Hinterlassenenversicherung) die Hauptsorgen der Schweizer. Was die Wirtschaftslage betrifft, blicken die Befragten zuversichtlich in die Zukunft, solange ihre Renten sicher sind. Die Mehrheit beurteilt die Situation mittelfristig als stabil, ein Fünftel ist davon überzeugt, dass sie sich verbessern wird. Nichts ist jedoch sicher. Das Schweizer Volk muss sich auf mehr Mäßigkeit und Solidarität mit der Welt gefasst machen und somit darauf, dass der Verlust einiger ihrer Privilegien unumgänglich ist. Was jedoch neu ist, ist, dass die Schweizer sich heute mit weitaus mehr Sorgen herumschlagen als zuvor. Das dürfen die politischen, wirtschaftlichen und gesellschaftlichen Verantwortlichen nicht auf die leichte Schulter nehmen.

Aber sind sie darauf vorbereitet?

Ein von Crédit Suisse 2013 veröffentlichter Artikel versetzt unserem Stolz einen Dämpfer:

1. Ein Land, das für Erpressung anfällig ist?
Die Vereinigten Staaten und ihre europäischen Freunde scheinen die Schweizer nicht nur vergessen, sondern zudem ihre Gewohnheiten dramatisch geändert zu haben. Sie verlangen die Abschaffung des Bankgeheimnisses und hoffen, so einen Großteil des Geldes zurückzubekommen, von dem sie glauben, dass es in Schweizer Banken Zuflucht gefunden hat.

Welche Gründe gibt es dafür? Durch das Ende des Kalten Krieges haben einige spezielle Vorkehrungen an Bedeutung verloren, die insbesondere auf dem Schweizer Finanzplatz vereinbart wurden. Gleichzeitig hat die weltweite Finanz- und Budgetkrise eine gewisse Gier hervorgerufen.

Handelt es sich hierbei um eine grundlegende, sowohl wirtschaftliche als auch politische Bedrohung für die Schweiz? Ganz und gar nicht. Denn die Nachbarländer ziehen keinen wirklichen Nutzen daraus, einer dauerhaft geschwächten Schweizer Wirtschaft beizuwohnen. Selbstverständlich muss sich die Schweiz anpassen, aber selbst in dieser neuen globalen Umgebung besteht ein gewisser Verhandlungsspielraum. Hoffen wir, dass sich die Entscheidungsträger ihrer Macht bewusst sind.

2. Der Weltwirtschaft ausgeliefert?

Wenn man den Wohlstand an natürlichen Ressourcen misst, ist die Schweiz arm wie eine Kirchenmaus. Das Land besitzt keine wirklich bedeutenden natürlichen Ressourcen, mit Ausnahme von Hydroenergie und natürlich der frischen Luft.

So konnte sich trotz schlechter Böden und eines zum Teil feindseligen Klimas eine subventionierte, aber hochwertige Subsistenzwirtschaft entwickeln. Erinnern wir uns daran, dass die Schweiz im 19. Jahrhundert noch eines der ärmsten Länder Europas war. Um zu Wohlstand zu gelangen, mussten viele Bürger auswandern.

Warum hat sich diese Situation so drastisch gewandelt?

Der Erfolg hat sich mit der schnellen Industrialisierung eingestellt, die Mitte des 19. Jahrhunderts begann. Der intensive Beitrag des Landes zur Weltwirtschaft – anstelle des Festhaltens am Status quo – hat seitdem seinen Erfolg gesichert. Das beweist die Fähigkeit der Schweizer, bemerkenswertes Reaktionsvermögen und Pioniergeist an den Tag zu legen, was schon von der ehemaligen Präsidentin der Schweizer Eidgenossenschaft hervorgehoben wurde.

Exportwaren machen mittlerweile fast 35 Prozent des Bruttoinlandsprodukts aus. Diese Zahl steigt für Dienstleistungen sogar auf 50 Prozent. Beide Anteile sind in den letzten zwei Jahrzehnten gewachsen. Anstatt massenhaft Niedrigpreis-Güter zu produzieren, hat die Schweizer Industrie von jeher auf stark spezialisierte Ware und Nischenprodukte gesetzt, hauptsächlich chemische und pharmazeutische Erzeugnisse, Maschinen, Wand- und Armbanduhren, Präzisionsinstrumente. Die Lebensmittelindustrie und die spezialisierten Finanzdienstleistungen sind ebenfalls zu erwähnen.

Auf einem boomenden Weltmarkt, auf dem sich die Arbeitsteilung zunehmend durchsetzt, ist die Spezialisierung tatsächlich ein Schlüsselfaktor zum Erfolg. Investitionen im Bereich des Bildungswesens, die von jeher eine Priorität des Landes waren, tragen entscheidend hierzu bei.

3. Zu viele Ausländer?

Gemessen an der Gesamtbevölkerung, zählt die Schweiz heute mehr Immigranten als die USA, das Einwanderland par excellence. Über ein Fünftel aller Einwohner sind Bürger eines anderen Landes, und ungefähr ein Drittel blickt erst auf eine kurze Einwanderungsgeschichte zurück, egal, ob sie selbst immigriert sind oder aus der ersten oder zweiten Einwandergeneration stammen. Die multikulturelle Gesellschaft ist somit seit Langem eine Realität. In den 50er-Jahren erschienen italienische Immigranten noch als Ausländer, heute werden die sogenannten «Secondos» als vollwertige Schweizer angesehen.

Die Integration ist in den Augen der Öffentlichkeit allerdings weniger geglückt. Beliebte Initiativen gegen die Immigration rufen uns das immer wieder schmerzhaft in Erinnerung. Sie sind der Ausdruck von Enttäuschung, und die Politiker könnten versucht sein, dieses Thema wie bei der Minarett-Debatte auszuschlachten.

Die wirtschaftliche Entwicklung der letzten Jahre zeigt, dass die Schweiz von dem Immigrationszuwachs profitiert, vor allem von der Immigration hoch qualifizierter Arbeitskräfte.

4. (Zu) große Banken?

Neben Industrien und Versicherungsgesellschaften von Weltruf gehören der Schweiz die zwei größten Banken der Welt. Und dennoch besteht Unbehagen.

Im traditionellen Bankensektor werden Spareinlagen mit einem höheren Zinssatz an Einzelpersonen und Unternehmen über einen langen Zeitraum ausgeliehen. Es ist für die Banken schwierig, ihre Kredite zu reduzieren (Illiquidität), allerdings können die Sparanleger ihre Geldmittel (Liquiditäten) jederzeit abheben. Um diesem «Fluchtrisiko» entgegenzusteuern, führen die Regierungen Garantien für die Geldeinlagen (und sonstige Gläubiger) ein. Der Haken ist, dass diese Garantien die Bankiers dazu veranlassen können, sich auf übermäßig riskante Aktivitäten einzulassen. Wenn alles gut läuft, verdienen sie viel. Wenn die Dinge jedoch schlecht laufen, muss die Bank vom Staat gerettet werden, um eine Finanz- und Wirtschaftskrise zu verhindern, wie bei der Subprime-Krise. Dieses moralische Risiko kann unterbunden werden, indem wir den Banken verbieten, sich an risikoreichen Aktivitäten zu beteiligen, oder indem sie dazu gezwungen werden, über ein ausreichendes Kapital zu verfügen.

Aber es gibt noch einen anderen Weg – das «Schweizer Finish». Für die Banken und ihren Ruf (und nicht nur in der Schweiz) ist es wichtig, der Debatte über die implizite Staatsgarantie ein Ende zu setzen. Die Steuerzahler sollten sich nicht länger durch die Gier der Bankdirektoren, ihre fehlende Voraussicht und ihre

Verwaltungsfehler verletzbar fühlen. Kleine Finanzinstitute und Regionalbanken sind hier keine Ausnahme.

5. Immobilien: von der Blase zur Krise?

Die Immobilienpreise in der Schweiz sind jahrelang gestiegen. Von niedrigen Zinssätzen und der massiven Immigration angetrieben, haben die Preise für Einfamilienhäuser seit der Jahrtausendwende um 50 Prozent und Wohnanlagen um 80 Prozent zugelegt. Diese Überhitzung des Marktes, die in den großen Stadtvierteln begonnen hat, setzt sich auch weiterhin fort. Die wachsende Kluft zwischen den Preisen und den Verdiensten könnte gar zu gut zur Bildung einer Immobilienblase führen.

Steht die Schweiz vor einer Immobilienkrise? Zurzeit scheint das Risiko noch begrenzt. Immobilienkrisen zeichnen sich durch eine bestimmte Abfolge in der Wirtschaftsentwicklung aus: Hohe Verschuldung der Eigentümer, plötzlicher und schneller Anstieg der Zinssätze, sinkende Preise, allgemeine Rezession. Alles Phänomene, denen die Banken folgen und ihre Darlehen stark reduzieren.

Höhere Zinssätze erscheinen in den nächsten Jahren nur sehr unwahrscheinlich. Es ist von daher umso wichtiger, dass die Behörden und Banken als vorbeugende Maßnahme das Anwachsen der Hypothekarschuld einschränken. Auf diese Weise erhält die Immobiliennachfrage mehr Flexibilität, und der Preisblase wird schrittweise die Luft abgeschnürt.

6. Zu viel Demokratie?

Churchill sagte, dass die Demokratie das am wenigsten schlechte politische System und einer Diktatur bei Weitem vorzuziehen sei.

Zwei Kritikpunkte werden allerdings der direkten Demokratie angelastet. Zunächst läuft dieses System Gefahr, durch den zu langen Entscheidungszyklus ineffizient zu sein. Dann ist es potenziell gefährlich, weil unaufgeklärte Entscheidungen der Wähler dem Land schaden könnten.

Aufgrund des Systems der Volksabstimmung per Referendum und der Notwendigkeit einer soliden Mehrheit der Kantone erscheinen manche Entscheidungen im Nachhinein als zu spät getroffen. So auch das Frauenwahlrecht, das erst 1971 eingeführt wurde, oder der UNO-Beitritt der Schweiz ... im Jahr 2002.

Die gesellschaftlichen und ökonomischen Kosten dieser Verzögerungen sind nicht leicht zu ermessen. Es ist schwer nachvollziehbar, ob die Schweizer Wähler Entscheidungen getroffen haben, die «verheerender» waren als die von Regierungsexperten (wie im Vereinigten Königreich und in Frankreich) oder professionellen Gesetzgebern (wie in den Vereinigten Staaten).

Die Entscheidung, nicht dem europäischen Wirtschaftsraum beizutreten, könnte eventuell nachteilige Auswirkungen gehabt haben, obgleich die Finanzpolitik der Schweiz relativ stabil war – wahrscheinlich weil diejenigen, die zahlen, die Ausgaben und Steuern direkt bestimmen. Zur Erlangung dieser Stabilität wurde der Schweizer Verfassung allerdings eine Schuldengrenze hinzugefügt.

Jede Demokratie benötigt Bremsen und Gegengewichte. Wenn man Schwedens Erfolg betrachtet, das zur Europäischen Union gehört und gleichzeitig seine Währung behalten hat, darf man sich fragen, ob die Ablehnung eines EU-Beitritts vom Volk wirklich so sachdienlich war?

Kapitel 3

EINIGE KOMMENTARE ZU DEN GROSSEN INDUSTRIEZWEIGEN

«Bei frischem Mehl und warmem Brot bleibt der Speicher nicht das ganze Jahr über voll.»
SCHWEIZER SPRICHWORT

DIE PHARMAINDUSTRIE IST NICHT MEHR DAS, WAS SIE EINMAL WAR.

Die mächtige Schweizer Pharmaindustrie kann bemerkenswerte Erfolge vorweisen, und zumindest die beiden Marktakteure Novartis und Roche gehören weltweit zu den erstrangigen Unternehmen dieser Branche. Basel ist für diesen Bereich ein einflussreicher und anerkannter Standort. Wann entstehen hier «Novaroche» oder «Rochartis»?

Wie kann man diesen herausragenden Erfolg für ein kleines Land wie die Schweiz erklären?

Gewiss besitzt sie bedeutende Ingenieursschulen, u.a. die Eidgenössischen Technischen Hochschulen Zürich und Lausanne, und verfügt somit über kompetenten Nachwuchs.

Aber es soll nicht verschwiegen werden, dass manch unbestrittener Vorteil zugunsten der Unternehmen zweifelsohne auch zu diesem bedeutenden Erfolg beigetragen hat. Was den Verdienst dieser Unternehmen jedoch in keiner Weise schmälert.

So hat eine relativ zwanglose Gesetzgebung ermöglicht, dass einige Firmen sich an Forschungsprojekte heranwagen konnten, bei denen andere Laboratorien, sprich angelsächsische und vor allem amerikanische Häuser, aufgrund wesentlich strengerer Auflagen seitens der jeweiligen Zulassungsbehörde gezögert hätten. Folglich konnte die Schweiz mit ihren Laboratorien Spezialgebiete und Neuheiten entdecken und auf den Markt bringen, die die anderen großen Mitbewerber aufgrund der gesetzlichen Regelung ihres Herkunftslandes nur schwer in Betracht ziehen konnten.

Zudem hat sich der Vorteil einer weitaus milderen Steuerpolitik als in den meisten anderen Ländern positiv auf die Entwicklung dieser Unternehmen ausgewirkt. Ein Jahrhundert lang profitierten die Unternehmen in Basel von einer erheblichen Differenz in der Besteuerung, die den Aufschwung der Pharmafirmen eindeutig förderte und ihnen umfangreiche Forschungsarbeiten und bedeutende Erwerbskapazitäten ermöglichte.

Allerdings wird die Zukunft der Pharmaindustrie durch Patentablauf und generische Produkte anders aussehen. Das einstige Businessmodell, das die großen Laboratorien zum Erfolg führte, funktioniert nicht mehr. Die Ära der «Blockbuster»-Medikamente, die den Unternehmen eine angenehme «Rente» sicherten, ist vorüber.

Bis zum Jahr 2020 werden die persönlichen medizinischen Akten, Online-Verschreibungen und Fern-Kontrollen den Zahlstellen und Anbietern von Pflegeleistungen zahlreicher Länder laut der Studien «Pharma 2020: Die Vision» und «From vision to strategy Pharma 2020» von PwC vollen Zugang zu den detaillierten Ergebnissen verschaffen.

Die Pharmaindustrie befindet sich an einer Weggabelung: Die nächsten Jahre werden eher schlecht ausfallen. Danach machen sie erneut einem Jahrzehnt des Aufschwungs und der wachsenden Produktivität Platz.

Eine Anpassung an die Nachfrage, Zahlung bei Leistung, reduzierte Kosten, die Fähigkeit, innovative Produkte mit hohem

Mehrwert anzubieten, aber auch Arbeit an der Unternehmenskultur und die Entwicklung neuer Geschäftsmodelle: So sehen die verschiedenen Herausforderungen aus, denen sich die Pharmaindustrie bis 2020 stellen muss.

Die Uhrmacherei auf dem Weg zu mehr Transparenz und Engagement

Das Uhrmacherhandwerk ist eines der bekanntesten Aushängeschilder der Schweiz, die auf diesem Gebiet unbestritten den Weltmarkt dominiert. Der Ursprung hierfür liegt sicher in der Kreativität, der Qualität der Ausbildung eines ganzen Ingenieurszweigs und der Techniker und Angestellten, aber auch am Klima.

Warum am Klima? Weil die langen Winter im Juragebirge, das auch «kleines Sibirien» genannt wird, mit Temperaturen von bis zu minus dreißig Grad, das Entstehen einer Vielzahl von kleineren Werkstätten in den Untergeschossen der Bauernhöfe und Wohnungen gefördert hat. Die Bauern, die oftmals in der (sehr) kalten Jahreszeit untätig waren, haben sich als leidenschaftliche und sehr kompetente Spezialisten herausgestellt, mit der Fähigkeit, wahre Meisterstücke anzufertigen. Zwischen Fleurier, Le Locle und La Chaux-de-Fonds im Kanton Neuenburg sind so die fortschrittlichsten Uhrmacherwerkstätten der Welt entstanden.

Es steht außer Frage, dass die vernünftige bzw. milde Steuerpolitik im Vergleich zu anderen Ländern auch hier zur Bildung solider Geldbestände beigetragen und die Entwicklung der Betriebe gefördert hat. Während in der Nachbarregion des französischen Juras der Verfall der Uhrmacherbranche zu beobachten ist, wo legendäre Namen wie LIP nicht überleben konnten.

«Die Schweizer Uhrmacherkunst hat 20 Jahre Wachstum vor sich», ist in manchen Kreisen zu hören. Das trifft sicherlich zu, da es für die schweizerischen oder ausländischen, in der Schweiz angesiedelten Konzerne der Uhrenindustrie schon reicht, einen Vertrieb in China zu eröffnen, um das Fortbestehen ihrer Häuser zu sichern. Und morgen dann auf dem afrikanischen Kontinent.

Wie die Deloitte-Studie zur Schweizer Uhrenindustrie von 2012 unterstreicht, sind die einzigen gegenwärtigen Sorgen der Uhrmacher betrieblicher oder wirtschaftlicher Natur: ein vorübergehendes Sinken der ausländischen Nachfrage, die Stärke des Schweizer Franken, Zugang zu qualifizierten Arbeitskräften und für die Marken die Beschaffung strategischer Komponenten bei Zulieferunternehmen.

Die Uhrenindustrie ist dafür bekannt, Werte wie Tradition, Qualität und Perfektion zu vermitteln. Daher sollte sie sich mehr der Welt um sie herum öffnen und, wie manch einer verlauten lässt: «ihre Scheuklappen ablegen».

Ob die Uhrenhäuser es wollen oder nicht (die Uhrmacher ziehen den Begriff «Uhrenindustrie» dem Begriff der «Luxusindustrie» vor), stellen sie Waren her, die sie mit hoher Wertschöpfung an eine kleine Minderheit der Weltbevölkerung zu gehobenen Preisen verkaufen, ohne dass diese sie wirklich benötigt.

Das Auftreten neuer Bürgerbewegungen wie Occupy Wall Street ist ein schwaches, aber reelles Signal für die Radikalisierung der Forderungen der Mittelklasse gegenüber den 1 Prozent Privilegierten, an die sich diese Industrie richtet.

«Unsere Rolle besteht darin, Uhren herzustellen, weiter nichts», hat uns vor einigen Jahren ein Verantwortlicher einer renommierten Uhrenmarke bestätigt. Wir hatten nämlich die Rolle angeführt, die Luxusmarken angesichts der ökologischen und gesellschaftlichen Herausforderungen spielen könnten. Bleibt zu erwähnen, dass seine Einstellung sich 2013 diesebezüglich ziemlich geändert hat, auch wenn die Ausgaben im Bereich der

Sozialverantwortung im Vergleich zu den Werbebudgets immer noch ziemlich gering ausfallen.

Letztendlich bleibt die Frage offen, ob diese ansonsten sehr angesehene Industrie sich in einer Welt der zunehmenden Ungleichheit weiterhin abseits einer grundlegenden Bewegung halten kann, die gegenwärtig nach mehr Transparenz, guter Firmenführung, sozialer Innovation und Sozialverantwortung verlangt, d. h. nach der Schaffung von gesellschaftlicher Wirksamkeit.

Aufgrund ihrer privilegierten Lage auf dem Schachbrett der Welt und im Hinblick auf die enormen Gewinnspannen, die erwirtschaftet werden (ca. 60 Prozent Bruttospanne), besitzt die Uhrenindustrie eine «moralische Pflicht» für größere Solidarität. Sie sollte sich noch dynamischer für verantwortungsbewusste Vortrefflichkeit einsetzen und so gesellschaftliche Wirksamkeit herbeiführen.

Verstehen das aber auch die gegenwärtigen Unternehmer, die oft nur nach rein ökonomischen und finanzorientierten Kriterien beurteilt werden?

Die französische Luxus-Gruppe Kering (ehemals PPR – Pinault-Printemps-Redoute), Eigentümerin von Gucci, sowie LVMH (Moët Hennessy – Louis Vuitton) haben das schon vor vielen Jahren richtig verstanden und seit Kurzem auch Richemont.

Die langsame, aber sichere Begeisterung für das Sustainable Luxury Forum, ein Thinktank zur Förderung des Austausches zwischen Luxusmarken, NGOs und der akademischen Welt, ist auf jeden Fall ein positives Signal.

Viele Stimmen meinen, dass die Uhrenindustrie über kurz oder lang ihren Ruf und somit die Zukunft ihrer Unternehmen gefährden wird. Im Gegensatz zur Bankindustrie hat sie sich im Laufe ihrer Geschichte angepasst. Verspürt sie dieses Verlangen aber auch heute noch?

Es würde dem Image der Schweiz schaden, wenn die Unternehmenslenker bekannter Uhrenmarken erst den zukünftigen Druck reicher Kunden aus China abwarten, um endlich zu reagieren. Zurzeit achtet die chinesische Kundschaft noch recht wenig auf Nachhaltigkeit, aber schon morgen kann sie in dieser Hinsicht unnachgiebig werden. Das Verbot von Außenwerbung für Luxusprodukte in China müsste eigentlich alarmieren.

DER BANKENSEKTOR: WAS KOMMT NACH DEM BANKGEHEIMNIS?

Der Bankensektor ist eine weitere Schlüsselbranche des Landes. Der Schweizer Finanzplatz ist ein bekannter und anerkannter Finanzstandort. Sehr wichtige Einrichtungen haben sich hier entwickelt, insbesondere die UBS (die 1998 mit der SBS fusionierte, einer Bank bei bester Gesundheit, die rasch das Schicksal dieser Gruppe in die Hand nahm), die Crédit Suisse und eine bedeutende Palette von Privatbanken. Seit 1990 droht ihnen allerdings eine Abwanderungsquote.

Die Lage der neutralen Schweiz im Mittelpunkt von Europa war lange Zeit auch für die Nachbarländer, die sich jahrhundertelang bekämpft haben, von Vorteil. Die Banken des Landes konnten so ohne Schwierigkeiten einen bedeutenden Teil des Privatvermögens der reichen Länder anziehen: mit der Aussicht auf das Bankgeheimnis und der ausbleibenden Ahndung von Steuerflucht.

Jedoch werden diese Privilegien, die in vielfacher Hinsicht umstritten sind, zunehmend hinterfragt. Nutzlose strafbare Exzesse (u. a. das Bankgeheimnis und geduldete Steuerevasion seit 1914) haben das gefährdet, was einst toleriert und sogar geschätzt wurde. Die großen Banken täten besser daran, sich weniger zu bemitleiden, auf ihre gewisse Lethargie zu verzichten und stärkere Kompetenzen in Sachen Antizipation unter Beweis zu stellen. Schließlich haben sie in der Vergangenheit die geringen Rentabilitätsforderungen ihrer Kunden zu sehr missbraucht, die einfach nur glücklich waren, sich dem Steuersystem ihres Herkunftslandes entziehen zu können.

In der Tat erreichen die Schweizer Banken oft eine beachtliche Größe und müssen wie ihre internationalen Kollegen «fair spielen». Die unnormalen Erleichterungen, die mehrere Generationen meist privater Bankiers begleitet haben, müssen abgeschafft werden.

Unsere Banken hätten noch einige schöne Tage vor sich, wenn sie ihre Kompetenzen im Bereich strategischer Antizipation, Transparenz und Firmenführung stärken würden. So würde alles gar nicht so schlecht aussehen.

Bleiben wir aber realistisch, denn die Zukunft zeichnet sich eher komplex, schwierig und windungsreich ab: Stellenabbau durch eine Abgangsrate von 50 Prozent bei vielen Banken seit 1990, zu hohe Gehaltskosten, ein Back-Office, das ausgelagert werden müsste, Kundenportfolios, die reguliert werden müssen, FATCA, AIFMD (Alternative Investment Fund Manager Directive), MiFID, EMIR, KAG, Retrozessionen etc. Diese Aspekte haben der Rentabilität, ausgeglichenen Geschäften und natürlich dem Image des Schweizer Finanzplatzes 2013 geschadet.

Nachdem das FATCA-Abkommen (Foreign Account Tax Compliance Act) mit den Vereinigten Staaten unterzeichnet wurde, deren nicht deklarierte Geldmittel nach Schätzungen von Booz & Co. sich «nur» auf 30 Milliarden Schweizer Franken belaufen, muss sich die Schweiz ziemlich anstrengen, um die 85 Milliarden aus Frankreich, 158 Milliarden aus Italien und 210 Milliarden aus Deutschland «auszurangieren».

FATCA ist aber im Vergleich zu MiFID 2 (Markets in Financial Instruments Directive) – der neuen Regelung der Europäischen Union, die den Zugang der Schweizer Banken zum europäischen Markt begrenzt – nur eine geringe Herausforderung. Und das geht mit EMIR (European Market Infrastructure Regulation) noch weiter, der neuen Richtlinie über Nebenprodukte, die 2013 in Kraft getreten ist und die Gewinne der großen Schweizer Banken de facto einschränkt.

Willkommen bei dieser Schachpartie, bei der die helvetischen Banken Opfer internationaler Herausforderungen sind, die von Politikern falsch interpretiert werden. Willkommen in Luxemburg.

«Ein krasser Mangel an strategischer Antizipation, gekoppelt mit der typisch schweizerischen abwartenden Haltung und einer angespannten Beziehung zwischen dem Finanzplatz und der Politikwelt lassen nichts Gutes erahnen», meint Dominique Morisod in dem Newsletter «Aperture Financial News».

Besitzt der Finanzplatz die Stärke, sich infrage zu stellen? Werden die Schweizer Bankiers es schaffen, den Gründungsmythos ihrer Institution neu zu überdenken? Werden sie sich rechtzeitig erneuern können und so die 7000 direkten und 15 000 indirekten Arbeitsplätze (Schätzung des Schweizer Bankenverbands) erhalten können, die wahrscheinlich durch eine Regelungs-Lawine auf den sanften Hängen der Schweiz dahingerafft werden?

Die Bankangestellten können das bezweifeln, wie Peter Damisch von der Boston Consulting Group betont: *«Es ist eine echte Herausforderung für diese Industrie, die auf keinerlei Erfahrung mit Veränderungen zurückblicken kann.»*

Es ist nicht zu übersehen, dass dieser Finanzplatz notgedrungen völlig auf den Kopf gestellt wird und verzweifelt um sein Überleben kämpft.

Wer wird aber die Rechnung begleichen, wenn dieser Industriezweig, einer der größten Steuerzahler in Genf, Zürich, Basel und Lugano, der Steuerverwaltung keine Schmiergelder mehr zahlt?

Es darf gewettet werden.

Der Rohstoffhandel, der nächste wunde Punkt der Schweiz?

«Im weltweiten Vergleich wird jedes dritte Barrel Erdöl, jede zweite Kaffeebohne, jedes zweite Zuckerstück und jedes dritte Kilo Getreide in der Schweiz gehandelt», laut Analyse von Déclaration de Berne, die in dem Buch *Swiss Trading SA* hervorhebt: *«Nachdem durch das Bankgeheimnis lange mit dem Finger auf die Schweiz gezeigt wurde, kann es gut sein, dass sie nun erneut für einen Profitgeier-Staat durchgeht.»*

Dank der steuerlichen Attraktivität des Landes florieren die Rohstoff-Handelsriesen in der Schweiz. Genauer gesagt, in Genf und im Kanton Zug, der für seine unnachahmlichen Steuervorteile bekannt ist. Die Region um den Genfer See reißt sich mit allein 370 von insgesamt 520 Unternehmen den Löwenanteil in diesem Sektor unter den Nagel. Sie beschäftigen über 10 000 Personen in Handel, Fracht oder Finanzaktivitäten, die mit diesen Tätigkeiten einhergehen.

Diese Firmen arbeiten mit kolossalen Summen. Sehen wir uns die drei größten in der Schweiz an: Vitol (279,1 Mrd. CHF Umsatz), Glencore (174,9 Mrd.) und Trafigura (114,7 Mrd.), ohne den Amerikaner Cargill zu vergessen.

Laut Déclaration de Berne hängt der Boom dieser Branche multinationaler Unternehmen vor allem mit den speziellen Steuersystemen der Kantone zusammen. Denn diese sind besonders praktisch, um ohne (oder kaum) Steuern zu zahlen, Gewinne zurückzuführen, die im Ausland erzielt wurden. Die Tatsache, dass sich die Schweiz aus Wirtschaftssanktionen und anderen Embargos heraushält, die von Großmächten oder internationalen Organisationen verhängt werden, trägt ebenfalls zu dieser Ansiedelung bei.

Allerdings bleibt zu befürchten, dass die Niederlassung dieser Unternehmen zu einer Verstärkung des «Sündenbock»-Syndroms des Landes beiträgt. Denn diese Firmen werden regelmäßig auf eine schwarze Liste der NGOs gesetzt: aufgrund von unmenschlichen Arbeitsbedingungen in den Minen, Geldwäsche oder Steuerskandalen. Die Spekulation mit Rohstoffen, die die Entwicklungsländer schwächen, wird zunehmend an den Pranger gestellt, und es ist «ungesund», dass die Schweiz aus naher oder weiter Ferne irgendwie mit diesen Mechanismen in Verbindung steht.

Die Schweiz sieht sich als einer der weltweiten Hauptakteure des Rohstoffhandels mit einem besorgniserregenden Dilemma konfrontiert. Der Transithandel soll nämlich 2011 tatsächlich ca. 20 Milliarden Nettogewinn (3,5 Prozent des Bruttoinlandsprodukts) eingebracht haben. Das Dilemma besteht also zwischen dem ökonomischen Gewicht des Geschäftszweigs und den Risiken, die diese Unternehmen für das Land darstellen. Schließlich geht es um Aspekte wie Menschenrechte, gesellschaftliche und ökologische Normen, Bestechung usw. Viele tickende Zeitbomben, die das Land stärker berücksichtigen sollte. Die Risiken müssen identifiziert und Reaktionen angesichts der unausweichlichen Krisen vorbereitet werden. Momentan herrscht allerdings nur ein wenig überzeugendes Lavieren zwischen der Handels- und Gewinnungstätigkeit vor.

Die Schweiz hat vor Kurzem eine Reihe von Empfehlungen verabschiedet, u. a. über die Transparenz des Finanzflusses. Die

Vereinigten Staaten haben zudem ein Gesetz eingeführt, das mit Rohstoffen handelnde Unternehmen verpflichtet, die an ausländische Regierungen gezahlten Summen zu deklarieren.

Die traditionellen Vergleichsvorteile haben dazu beigetragen, viele Handelsunternehmen ins Land zu holen. Das ändert jedoch nichts daran, dass diese Firmen früher oder später auf die Anklagebank gebracht werden, und dass die Schweiz dann, einmal mehr, zum Schurkenstaat der internationalen Gemeinschaft wird.

Es ist offensichtlich und dringend notwendig, dass die Schweizer Regierung diese Branche mit einem Gesetzesrahmen mit stärkeren Auflagen versehen und ethische und gerechte Normen vorschreiben muss.

Wie kann man aber einen Sektor mit 10 000 Beschäftigten regulieren, der 3,5 Prozent des Bruttoinlandsprodukts ausmacht und der, wie der «Grundlagenbericht Rohstoffe» vom EDA, EFD und WBF angibt, «einen zunehmend wichtigen Beitrag zu Wertschöpfung, Arbeitsplätzen und Steuererträgen leistet»?

Gennadi Timtschenko, Mitbegründer des Ölriesen Gunvor, der gegenwärtig in Genf lebt, hat nicht vor dieser Erklärung gegenüber der *Neuen Zürcher Zeitung* zurückgeschreckt: «Wenn ich nicht hier wäre, dann wäre Gunvor vermutlich auch nicht hier. Wie schon gesagt, wir fühlen uns wohl in Genf, aber falls die Regierung die Rahmenbedingungen stark ändert, dann werden wir neue Berechnungen anstellen. Wir könnten jederzeit nach Singapur umziehen. Wir haben bereits ein Büro dort. Singapur ist auch ein sicherer und stabiler Standort. Das Klima ist vielleicht etwas anders, aber man kann sich daran gewöhnen.»

Ist das Spiel aus? Es liegt wahrscheinlich alles an dem Wort «stark». Tatsache ist, dass der Stadtdschungel von Singapur niemals mit der Schönheit der Schweizer Alpen mithalten kann.

TOURISMUS: JETZT HANDELN!

Wie kann es sein, dass die Schweiz, die den schönsten Teil des Alpenbogens besitzt, einen so enttäuschenden Platz bei den Übernachtungsmöglichkeiten im Winter einnimmt? Hinter Österreich, Frankreich, Italien und vielleicht sogar Deutschland. Dabei war die Schweiz zu Beginn des letzten Jahrhunderts bei Weitem führend auf diesem Gebiet.

Das war die Ära, in der die großen Hotelpaläste errichtet wurden, als die Schweiz noch zwei Drittel der Tourismusktivitäten des Alpenbogens auf sich konzentrierte. Die Kundschaft war damals zwar spärlich, aber sehr wohlhabend. Zu diesem Zeitpunkt wurde übrigens die Hotelfachschule von Lausanne, die Ecole Hôtelière de Lausanne (EHL), gegründet, die erste Hotelfachschule der Welt! Und ihr Ruf als Vorzeigemodell für die Luxushotellerie ist weiterhin tadellos.

Zwischen den beiden Weltkriegen wohnten wir dem zerstörerischen Untergang des Tourismus und dem Konkurs zahlreicher Luxushotels bei. Danach brach durch die Einführung des bezahlten Urlaubs eine neue Ära des Massentourismus an. Dieses Demokratisierungsphänomen krönte das Skifahren zur touristischen Monokultur mit allen Gefahren einer Abhängigkeit.

Heute stehen wir nach einer Phase der starken Expansion vor einer neuen Situation. Der Wintertourismus durchlebt tatsächlich Wachstumsschwierigkeiten, die von allen Schneedestinationen geteilt werden.

Die alternde Bevölkerung und klimatische Ungewissheit haben das Skifahren zu einer kostspieligen Nischenaktivität gemacht, die einer Minderheit vorbehalten ist. Globalisierung und sinkende Transportkosten haben zur wachsenden Konkurrenzfähigkeit anderer Destinationen und Tourismusarten geführt. Die Ansprüche an Qualitätsstandards sind gestiegen, und die

Schweiz musste mit ansehen, wie sie ihren Rang eingebüßt hat. Der «Milk the cow»-Trend und das zu starke Ausreizen der Standortgunst haben sie erst ziemlich spät reagieren lassen. Es muss betont werden, dass viele Ausländer, die von einem entgegenkommenden Bankgeheimnis profitierten, eher herkamen, um ihr Geld in den verschneiten Bergen auszugeben, als allzu sehr auf Qualitätsstandards zu achten.

Warum soll man also ein System überarbeiten, das, alles in allem, trotz eines unausweichlichen leichten Verfalls noch recht gut funktioniert?

Das nachlassende Tourismuswachstum hat die notwendige Erneuerung der Infrastruktur, Hotels, Skilifte etc., gebremst. So gelangt die Schweiz im Vergleich zu ihren Nachbarn mehr und mehr ins Hintertreffen. Die Stärke des Franken hat dem Renovierungsprozess nicht geholfen, die Bau- und Betriebskosten lagen zwischen 15 und 30 Prozent höher als die der Nachbarn, was zu Preisen führte, die für uns kaum von Vorteil waren. Was die veraltete Infrastruktur insbesondere von kleinen und mittleren Skistationen angeht, entsprach die Kostenhöhe dem Imageverlust.

Das wahre Problem der Schweiz ist aber die Weigerung, den Tourismus als eine für das Land wichtige Industrie anzusehen. Das Wallis oder Graubünden, erstrangige Reiseziele, genießen nicht das gleiche Ansehen wie die großen Industrien im Bereich Chemie, Pharmazie, Uhren, Banken und Lebensmittel. Zudem wird die Tourismusindustrie oft als ein nebensächliches Anliegen der Schweizer aus Zürich, Bern oder Basel betrachtet – im Gegensatz zu Österreich, wo die Hotelbranche den Ruf des Landes ausmacht.

Der österreichische Staat hat übrigens eine Tourismusbank eingerichtet, die eine erhebliche Hilfe darstellt. Sie gewährt Darlehen über 25 Jahre mit nur 15 Prozent Eigenkapital, und der

Betreiber muss allein die Bankmarge tragen. So konnte die Familienhotellerie fortbestehen. Der einzige Haken ist die hohe Verschuldung der österreichischen Touristikbranche.

Frankreich hingegen hat den Bau von Urlaubsunterkünften mit beachtlichen Steuererleichterungen gefördert und an die Bedingung geknüpft, dass die Objekte neun Jahre lang vermietet werden müssen. Bedeutende Unternehmen wie Pierre & Vacances haben sich so ein Portfolio von über 120 000 Betten in den Bergen und am Meer aufgebaut.

In der Schweiz untersagt der Föderalismus jeglichen Eingriff des Staates, und die Regionen sind nur schwer in der Lage, wie ihre Nachbarn zu handeln. Das Land hat allerdings eine erstaunliche Entwicklung im Bereich der Zweitwohnsitze durchgemacht. Ausländer mit Konten in der Schweiz neigten zum Hauskauf. Das führte zu höheren Preisen und zu anfechtbarer Spekulation, die die Einheimischen benachteiligten und sie in der Folge nur schwer Unterkünfte finden ließen. Wir sollten dabei nicht außer Acht lassen, dass eine etwaige Infragestellung des Bankgeheimnisses potenzielle Käufer vertreiben könnte.

Auch die Lex Koller und die Lex Weber gehen nicht in die richtige Richtung, um ausländische Gäste anzuziehen. Sie beschränken den Verkauf von Zweitwohnsitzen und die Finanzierung von Urlaubsunterkünften. Bei unseren Nachbarn greift der Staat hingegen auf die eine oder andere Weise ein, um den Ausbau von Bettenkapazitäten zu fördern. Solche Gesetze zeugen von einer bedauernswerten Realitätsferne, da jeder Schweizer überall in Europa eine Immobilie erwerben kann, ohne dass der umgekehrte Fall wirklich gegeben ist.

Die schwergewichtigen Kantone sehen nur, was sie sehen wollen, und man kann sich zu Recht fragen, ob die Walliser, die oft voreilig als dickköpfige Bergleute oder Schweizer Sizilianer eingestuft werden, nicht Opfer einer Art Scherbengericht sind.

Sich zu schützen, ist eine Sache, sich jedoch zu weigern, der Realität ins Auge zu blicken, eine andere.

Zur Finanzierung des Wachstums der Touristikbranche haben sich die Zweitwohnsitze unter Ermangelung eines günstigen Rahmens für die Entwicklung von Bettenkapazitäten immerhin als sachdienliche Alternative zur Hotellerie durchgesetzt. Die Würfel waren allerdings gezinkt, denn die zweifelhaften Vorteile wie das Bankgeheimnis oder ein gewisses Entgegenkommen bei Steuerflucht haben entscheidend dazu beigetragen. Heute zwingt die neue Lage den Staat zur Innovation.

Die Steuerflucht und das Bankgeheimnis, die zuvor toleriert wurden, werden es immer weniger. Es ist an der Zeit, sich des Problems gewahr zu werden. Schließlich ist es doch überaus ärgerlich, Vorreiter in puncto Bergtourismus gewesen zu sein und sich nun von allen Nachbarn überholen zu lassen, die offenbar mehr Fantasie an den Tag gelegt haben.

Gewiss müssen dem Schweizer Tourismus die notwendigen Mittel für den Kampf gegen die Konkurrenz gegeben werden. Allerdings nur in einem streng geregelten Rahmen, der darauf abzielt, unsere außergewöhnlich schöne Umwelt zu bewahren. Zu viele Unternehmer neigen dazu, um jeden Preis zu bauen, ohne sich auch nur im Geringsten um die Natur zu kümmern. Die für uns alle lebensnotwendige Harmonie wird dabei zugunsten von kurzfristigem Denken geopfert. Zu viele Gesetze traten in Kraft, bzw. nur ungenügend ausgereifte Maßnahmen wurden ergriffen. Wir müssen darauf achten, dass wir mit einem optimalen Gleichgewicht zwischen Ökonomie, Ökologie und Ethik handeln, ohne dabei eine weitere wesentliche Tugend außer Acht zu lassen: die Ästhetik!

Das Lobbying der Tourismusakteure ist zweifelsohne nicht auf der Höhe des Problems, schließlich ist der Tourismus ein entscheidender Imageträger. Und wenn zudem jemand das

Glück hat, über ein so schönes, herausragendes Land zu verfügen, ist es unentschuldbar, nicht als Beispiel voranzugehen oder Seilerster zu sein.

Nicht nur Nestlé, sondern auch KMU

Wir können den Erfolg dieses Lebensmittelriesen, dem «Weltmarktführer für Ernährung, Gesundheit und Wohlbefinden», nicht unbeachtet lassen und müssen ihn einfach lobend erwähnen: Nestlé gehört mit einem in fast allen Ländern und auf allen Kontinenten identischen Erfolg unbestritten zu den Weltleadern. Der bemerkenswerte Welterfolg der Firma kann nur Bewunderung hervorrufen, da ihr Heimatmarkt kaum ins Gewicht fällt.

Die Schweiz weist zwar große, weltweit operierende Unternehmen wie Nestlé und die Konzerne ABB (Asea Brown Boveri), Novartis und Roche auf, aber diese Firmen sind für das helvetische Unternehmensgeflecht nicht repräsentativ.

Tatsächlich sind fast alle Unternehmen kleine und mittlere Unternehmen (KMU) – 99,6 Prozent. Sie beschäftigen 1,45 Millionen Menschen, d. h. 70 Prozent der Arbeitskräfte, die nicht im öffentlichen Dienst oder unter der Kontrolle des Staates arbeiten.

Allein 750 Firmen beschäftigen über 300 Mitarbeiter. Viele KMU sind im Bereich der Biotechnologie, Elektronik und Maschinenbau tätig, dem größten Fertigungszweig der Schweiz. Eine erhebliche Anzahl der Unternehmen sind hoch spezialisiert und auf den Export ausgelegt. Sie produzieren Güter wie Präzisionsinstrumente, die generell kaum unter ihren eigenen Markennamen bekannt sind, die aber weltweit an die Industrien zur Herstellung von Massenwaren geliefert werden.

Kapitel 4

DER IDEALE SÜNDENBOCK

«Um glücklich zu sein, braucht man eine gute Frau, einen guten Dienstherrn, gutes Land, gute Schuhe, eine gute Pfeife und am Wochenende Gott.»
SPRICHWORT AUS DEM SCHWEIZER JURA

In der Bibel steht, dass ein Priester aus Israel seine beiden Hände auf den Kopf eines Bockes legte. Man glaubte, dass auf diese Weise alle von den Juden begangenen Sünden auf das Tier übertragen wurden. Es wurde danach in die Wüste gejagt, um als Sündenbock zu dienen und sich aller Sünden zu entledigen.

Für den Philosophen René Girard *«ist der Sündenbock der kollektive Mechanismus, der einer archaischen Gemeinschaft ermöglicht, die von dem individuellen mimetischen Begehren ihrer Mitglieder erzeugte Gewalt zu überstehen (selbst wenn die Zielrichtung des Begehrens für einen Großteil von ihnen kollektiv ist)».* Er bezeichnet ihn als *«ein Individuum, das von seinen Anklägern notwendigerweise für schuldig befunden wird, aber vom ‹wahren› Standpunkt her unschuldig ist, damit die Gruppe ihren vorübergehenden Frieden zurückerlangt, indem sie sich geschlossen gegen diese Person stellt».*

Die anormal privilegierte Position der Schweiz (Neutralität, Bankgeheimnis, Steuerpolitik etc.) und ihre Unfähigkeit, sich glaubhaft zu verteidigen, haben zu einem extrem übertriebenen Abgleiten ihres Images geführt. Ein gewollt negatives Bild, das von vielen ihrer Nachbarn und falschen Freunden aufrechterhalten wird.

Es ist weitaus einfacher, auf ein kleines wohlhabendes Land mit dem Finger zu zeigen, als eine der großen Nationen wie die Vereinigten Staaten von Amerika oder Großbritannien anzugreifen. Es ist der Schweiz gelungen, ca. 30 Prozent des weltweiten Privatvermögens anzuziehen und zu verwalten. Daher versteht es sich von selbst, dass so mancher Staat sein Vermögen gern zurückbekommen möchte.

Das Bild, das sich manche Länder von der Schweiz und ihrem Banken-, Finanz- und Steuersystem machen, trägt daher zu imaginisierten Schemata bei, für die es keine fundierte Grundlage gibt. Sie lassen sich gut durch Eifersucht und Neid erklären. Aber auch durch das Image des Steuerparadieses – mit Nummernkonten, Steuerfreibeträgen und Geldwäsche –, das von mächtigen Lobbys gelenkt wird.

Es ist trotzdem erstaunlich, dass sich eine solche Hartnäckigkeit entwickeln kann, wobei der helvetische Rechtsstaat doch so bedacht auf Gesetzmäßigkeit, Moral und Anpassung an internationale Richtlinien ist. Und dennoch bleibt dieses Land, das nachzugeben scheint, bevor es überhaupt dazu gedrängt wird, suspekt.

Ausländische Minister (von denen manche durch Korruptions- oder Plagiatsvorwürfe zu Fall kamen) verdammen und verurteilen vehement, während Washington, Berlin, Paris und Rom davon überzeugt sind, dass ihre abgrundtiefen Finanzdefizite einzig und allein von schamlosen Betrügern und Falschspielern und ihren Schweizer Komplizen verursacht werden. Man meint, zu träumen!

Suspekte «Rächer»

Der Mangel an seriösem und effizientem Risikomanagement und einer sachdienlichen Krisenbewältigung lässt Rächern freien Lauf, die oft selbst von nur schwer erklärbaren Finanz- und Steuermachenschaften betroffen sind. Letztendlich gewähren viele Länder größere oder analoge Vorteile und sind von daher schlecht platziert, um Lektionen zu erteilen und «auf den Pianisten zu schießen».

Nennen wir London, Luxemburg, Singapur als juristische Personen, Brüssel und Monaco als natürliche Personen, ohne dabei das österreichische und luxemburgische Bankgeheimnis sowie einige amerikanische Staaten wie Delaware, Wyoming und Nevada zu vergessen. Man schätzt den Betrag des amerikanischen Steuerbetrugs in der Schweiz auf ungefähr 2 Prozent. Was passiert nun also mit den verbleibenden 98 Prozent?

Gleichsam handelt es sich nur um einen ganz geringen Geldanteil, der dem französischen und deutschen Finanzamt vorenthalten wird und der sich in der Schweiz befinden könnte. Da dieses Land allerdings klein und sehr reich ist, ist es leicht, es unter Druck zu setzen.

Es stimmt, dass ihnen dabei oft von «Whistleblowers», Hinweisgebern aus der Bevölkerung, geholfen wird. Die aufgebrachten oder schlecht bezahlten Angestellten denunzieren aus unterschiedlichsten Gründen die Schandtaten und oftmals illegalen oder unlauteren Machenschaften ihrer Arbeitgeber.

Eindeutig ist, dass die Schweiz nicht für die Schuldenkrise oder die Krise überhaupt verantwortlich ist. Zahlreiche Staaten wären gut beraten, zuerst im eigenen Hof zu kehren. Dieser Druck ist unerträglich, aber ach so genussvoll für viele laxe Länder, die nicht den Mut aufbringen, die wahren Probleme im eigenen Land in Angriff zu nehmen. Sie lenken lieber die Aufmerksamkeit ihrer Bevölkerung und ihrer Wähler auf einen Sündenbock, um sich so ihren verschiedenen Verantwortungen zu entziehen.

Zur Einschüchterung der Schweizer bekunden die Franzosen und Amerikaner lauthals, dass sie «*auf der Strecke bleiben werden».* Die richtige Antwort auf diese gleichsam heftigen wie ungerechten Angriffe besteht also auf keinen Fall darin, diese Maulhelden durch gehorsame Akzeptanz der auferlegten Forderungen zu erfreuen. Auch nicht darin, sich zu beklagen. Sondern zu erkennen, wie man Risiken vorhersehen, Krisen bewältigen und Bedrohungen abwenden kann, die oftmals leider das Image des Landes stark und dauerhaft schädigen.

Die Gesundheit und gute Verwaltung der Schweiz stehen in Kontrast mit dem Wahnwitz und der Leichtfertigkeit zahlreicher Länder. Dieser Wohlstand irritiert zwangsweise. Es bedarf also subtilerer und wirksamerer Ansätze im Bereich der Kommunikation, um die Realität wiederherzustellen. Überall lauthals zu verkünden, dass ein gewisser Jemand «gehörnt» wurde, hinterlässt immer Spuren, auch wenn dies völlig unbegründet ist.

Die Schweiz befindet sich ein wenig in der Lage dieses gewissen Jemands, und vorgefasste Meinungen zu ändern, ist keine leichte Aufgabe.

Stoff zum Nachdenken.

Kapitel 5

ANATOMIE UND RISIKEN DES ERFOLGS

«Wenn ein Diktator stirbt, schließt in der Schweiz eine Bank.»
<small>ANONYMUS</small>

«Die Schweizer machen angesichts externer Krisen immer alles falsch. Sie denken, dass man ihnen verzeiht, weil sie neutral sind und eine nützliche Rolle in der weltweiten Diplomatie spielen.» So drückt sich ein Berater der Schweizer Banken in *The Economist* aus, als man ihn über seine Kunden befragt.

Es wäre für die Schweiz gut, wenn sich die Politiker mental darauf vorbereiteten, sich kontinuierlich einem unmerklichen, aber unabänderlichen Wandlungsprozess zu stellen. Die Herausforderung besteht darin, die Mentalitäten zur Weiterentwicklung anzutreiben. Das scheint fast von einer unüberwindlichen Schwierigkeit zu sein und wird immer genau dann erforderlich, wenn alles scheinbar gut läuft und das Volk zufrieden ist. «Das Schweizer Modell ist richtig», so Jean-François Rime, Präsident des Schweizerischen Gewerbeverbands (sgv) und SVP-Nationalrat für den Kanton Freiburg in der Sendung «Infrarouge» anlässlich der Debatte über die 1:12-Initiative zur Begrenzung von Managergehältern.

Das gegenwärtige politische System ist demokratisch gesehen zweifelsohne von Bedeutung, aber gleichzeitig entsetzlich lähmend.

Man kann sich fragen, ob unsere Eliten für die neuen Realitäten dieser Welt ausgebildet und gewappnet sind, auch angesichts der Wildheit unserer falschen oder echten Freunde. Aber haben wir eigentlich überhaupt noch welche?

Das Land ist reich, die Bevölkerung kämpft um ihre Privilegien und bleibt relativ zuversichtlich, was die unmittelbare Zukunft betrifft. Doch die Schweiz ist ganz auf sich allein gestellt. Sie setzt sich permanent dafür ein, mit dem Bestehenden umzugehen, dem Reiz des Neuen gibt sie jedoch kaum nach.

Die Besonnenheit zieht den Widerstand gegen den Reiz des Neuen oftmals aus Angst vor dem Unbekannten vor. Wir wissen zwar, dass wir mehr in die Zukunft investieren und dabei neue Initiativen ergreifen müssten, aber diese Bereitschaft wird ernstlich von der typisch abwartenden Haltung der Schweizer gebremst – und durch unsere Obsession, Ergebnisse und Errungenschaften zu wahren und zu schützen und sie sogar noch verbessern zu wollen.

Der Erfolg trägt dabei die Keimlinge des möglichen Verfalls und zukünftiger Schwierigkeiten bereits in sich. Diese Wurzeln sind zahlreich und vielseitig. Ihr gemeinsamer Nenner ist die natürliche Neigung des Menschen, an dem festzuhalten, was bisher gut funktioniert hat. «Warum etwas reparieren, das nicht kaputt ist?» oder «Warum sollte man erfolgreiche Praktiken ändern?» sind eine durchaus verbreitete Philosophie, auch in zahlreichen, leistungsfähigen Unternehmen. Der Erfolg führt dazu, dass Veränderungen kritisch gesehen werden und dass zu lange an bewährten Methoden festgehalten wird.

Wenn dem Erfolg die Puste ausgeht

Der faktisch vorhandene Vorteil eines neutralen Landes wird zunehmend weniger nützlich und sogar immer weniger akzeptabel für andere Länder.

Tatsache ist, dass ein gewisses Entgegenkommen anderer Länder unserer Nation gegenüber in den «trente glorieuse» vorherrschte, den Jahren des wirtschaftlichen Booms nach dem Zweiten Weltkrieg. Deshalb war die Schweiz absolut nicht darauf vorbereitet, ins Visier der anderen zu geraten. Es ist also verständlich, dass die immer drängenderen Angriffe bestimmter Länder, die eigentlich Freunde waren (USA, Deutschland, Frankreich), die Schweiz schwer trifft.

Dabei hätte das Wahrnehmen gewisser «schwacher Signale» dazu verholfen, sich besser vorzubereiten. Es stimmt, dass «man eine Geige mit Dämpfer nicht aus einem Trommelwirbel heraushört». Dabei ist das Erkennen dieser «schwachen Signale» eine Kunst und eine Notwendigkeit, da sie die Zukunft skizzieren oder Tendenzen andeuten. Eine Reihe «schwacher Signale», die zueinander in Bezug gesetzt werden, kündet einen Prozess an, der berücksichtigt werden muss. Allerdings muss man dafür sensibilisiert sein und eine operationelle Frühaufklärung einführen.

Die Schweizer können die Brutalität der Angriffe, denen sie ausgesetzt sind, nicht begreifen. Ihnen ist nicht klar, dass diese Angriffe umso heftiger sind, je größer das Entgegenkommen über einen so langen Zeitraum gewesen ist. Wenn Privilegien infrage gestellt werden, kommt es zu einem Unverständnis, einem Gefühl der Ungerechtigkeit. Dabei wäre es möglich gewesen, diese Brutalität durch Einführung eines elementaren Risikomanagements vorherzusehen und ihr so vorzugreifen.

Fühlt sich die politische Elite laut Barometer der Crédit Suisse vielleicht allzu sehr von dem hohen Vertrauensgrad der Bevölkerung (über 60 Prozent) im Bundes- und Ständerat bestärkt?

Eine schädliche Kultur des Erfolgs

Der Erfolg schafft seine eigene innere Kultur. Diejenigen, die sie zu beanstanden wagen, werden in der Regel schief angesehen und in den Unternehmen zum Teil eliminiert. Wahrscheinlich werden sich die Machthaber des Landes oder die Unternehmen, je nach Grad der Veränderung, der Notwendigkeit bewusst, ihren Ansatz weiterzuentwickeln. Leider macht das Gewicht des Erfolgs die Umsetzung der erforderlichen Änderungen oft unmöglich.

Für eine Regierung ist diese Aufgabe weitaus schwieriger als für ein Unternehmen. Denn ein Unternehmen sieht sich im Fall von Finanzverlusten dazu gezwungen, entsprechende Schritte zu ergreifen (zum Beispiel bei Swissair und UBS).

Uns ist bekannt, dass Erfolg oftmals mit Arroganz einhergeht. Swissair wurde lange Zeit als eine der leistungsfähigsten Fluggesellschaften angesehen. UBS blickte stolz auf ihren ersten Platz weltweit im Bereich der Vermögensverwaltung. Was ist heute aus ihnen geworden? Swissair wurde unter großem Kostenaufwand einem Re-Branding unterzogen und in Swiss umbenannt und gehört nun, nach unzähligen Schandtaten und Auswechslungen der Geschäftsleitung, zu Lufthansa, dem früheren Rivalen. UBS hingegen wurde 2008 refinanziert und sorgt weiterhin u. a. mit Führungsskandalen für Schlagzeilen.

«Wir werden keine Atempause einlegen», behauptet UBS in ihrer Kommunikation. Dieser Slogan, der sich selbstverständlich an die Kundschaft richtet, nimmt hier eine ganz besondere Bedeutung an.

Erfolg führt zudem zu Faulheit, Passivität und Egozentrik. Oftmals erklärt sich der atemberaubende Zusammenbruch von Firmen, die bis dahin für unbezwingbar gehalten wurden, durch ihre Unfähigkeit, den Erfolg zu verkraften, sich selbst infrage zu stellen und weiterhin zu innovieren und Risiken einzugehen.

Erfolg ist ein Risikofaktor, der von den Führungskräften der Unternehmen häufig ignoriert wird. Sie sind teilweise viel zu sehr damit beschäftigt, sich auf Kosten der einfachen Angestellten die Prämien und Boni zu teilen. Die Manager meinen sogar, dass der Erfolg einzig und allein ihren Kompetenzen zu verdanken sei, und verlieren hierbei die externen Faktoren aus den Augen, die zum Erfolg beigetragen haben (im Fall von UBS das Bankgeheimnis des Schweizer Finanzplatzes). Der Erfolg wähnt sie oft in der Gewissheit ihrer Unfehlbarkeit, was die Erkenntnis ihrer Fehlbarkeit problematisch macht (z. B. Marcel Ospel bei UBS, Philippe Bruggisser und Lukas Mühlemann von der verblichenen Swissair). Dabei schafft der Erfolg einen Bezugsstandard, der nur schwer oder unmöglich nachzuahmen ist.

Der atemberaubende Erfolg von Valium/Librium brachte jahrelang für Roche solche Gewinne ein, dass für die Forschung und Entwicklung das einzige Ziel darin bestand, ähnliche Erfolge zu erreichen. Da aber diese Art des Gelingens oft einmalig ist, hat die Unfähigkeit, den Erfolg erneut zu erzeugen, bei den Mitarbeitern zu einer lethargischen Stimmung und zu mangelndem Selbstvertrauen geführt. Das Patent von Valium musste erst auslaufen, damit eine neue Geschäftsleitung die Umkehrung der Situation herbeiführen konnte. Die perversen Auswirkungen einer solchen Situation müssen erst ermessen werden ...

Auf der Regierungsebene ist diese Aufgabe mit Blick auf die Sprachenvielfalt und die Organisation des Landes mit den herrschenden Spannungen zwischen Bund und Kantonen und der Gewichtung der Gemeinden noch weitaus schwieriger.

Für ein gutes Erfolgsmanagement

Natürlich ist es äußerst verheißungsvoll, ein noch immer leistungsfähiges Modell fortbestehen zu lassen, auch wenn es nach und nach an Relevanz verliert. Die Bewegungslosigkeit, mit der die Unternehmen belastet sind, obwohl offensichtlich tief greifende Reformen notwendig wären, wird die notwendigen Veränderungen kaum herbeiführen. Die «Liebe zum Erfolg» führt daher zu einer Fortsetzung der in der Vergangenheit bewährten Erfolgsmethoden.

Dabei ist es eindeutig, dass die besten und dauerhaften Erfolgschancen in Ansätzen liegen, die klar zwischen einem errungenen Erfolg (der Vergangenheit) und neuen Projekten zu unterscheiden wissen. Die Einführung eines Risikomanagements und einer angemessenen Frühaufklärung, um die «schwachen Signale» zu erkennen, die unausweichliche Umwälzungen ankündigen, ist unverzichtbar.

Das gewinnt an Bedeutung, je mehr sich der Rhythmus der Wandlungen beschleunigt und die Lebensdauer der Produkte und Ideen sich verkürzt. Die Geschmäcker und das Empfinden variieren unter dem Einfluss der sozialen Netzwerke immer schneller. Die technologische Revolution weitet sich aus. Ungleichheiten (wie das Gefälle zwischen Arm und Reich) nehmen zu. Die sofortige Verfügbarkeit und Menge an Informationen ist schwindelerregend.

Vier Ratschläge, um kein Opfer des Erfolgs zu werden

Zahlreiche Misserfolge erklären sich tatsächlich einfach durch … den Erfolg. Das geht aus der Analyse der teilweise spektakulären Firmenzusammenbrüche hervor, die einst als unbesiegbar galten. Gestern Digital Equipment Corporation (DEC). Bald Facebook, BlackBerry (das ist bereits der Fall), sogar Nokia/ Microsoft.

«Manageris», eine Management-Website, zitiert vier prägnante Ratschläge, um mit Erfolg umzugehen:

- *Über die Gründe des Erfolgs Klarsicht bewahren.* Gutes Gelingen drückt sich oftmals durch ein häufig übertriebenes Vertrauen in das eigene Urteilsvermögen und in die eigenen Fähigkeiten aus. Arbeiten Sie an Ihrer Klarsichtigkeit, und erkennen Sie den Anteil des Glücks an der Erfolgsursache sowie Schwächen und begangene Fehler.

- *Sich vor dem Gefühl der Unbesiegbarkeit in Acht nehmen.* Die Überzeugung von der eigenen Fähigkeit zum Erfolg kann dazu führen, Risiken zu unterschätzen: Kämpfen Sie vor allem gegen die Neigung an, störende Tatsachen zu ignorieren.

- *Stecken Sie die Ziele nicht immer noch höher.* Weil das Wachstum bisher immer stark war, heißt das nicht, dass das unendlich so bleiben muss. Begegnen Sie den vom Erfolg hervorgerufenen Gewohnheiten und Erwartungen mit Vorsicht: Sie können zum Verlust des Realitätssinns führen.

- *Nehmen Sie sich angesichts von Schwierigkeiten vor Unbeweglichkeit sowie übereilten Veränderungen in Acht.* Wenn plötzlich eine Bedrohung auftritt, erhöht der gewohnte Erfolg stark die Gefahr von Panik und ihren Nebeneffekten: das Risiko, stillzustehen oder, im Gegenteil, Energie in zahlreichen unorganisierten Initiativen zu vergeuden.

Kapitel 6

FÜR EINE GANZHEITLICHE EINSCHÄTZUNG VON RISIKEN

«Wäre Gott ein Schweizer gewesen, würde er immer noch auf den geeigneten Moment zur Erschaffung der Welt warten.»
HUGO LOEBCHER

Die Welt entwickelt und verändert sich mit zunehmender Geschwindigkeit. Einige bedeutende Trends bringen unsere Gewohnheiten durcheinander. Kluften und Technologiesprünge führen zu tief greifenden Umwälzungen und zu Wachstum, das wiederum zu höherem Wohlbefinden und einer erhöhten Lebenserwartung führt.

Diese Supertendenzen verbinden sich und ziehen eine Mobilität von Menschen, Waren und Gedanken nach sich. Diese fundamentale Mobilität wird heute, zu einem Zeitpunkt, an dem Personen, Produkte und Informationen von einem unausweichlichen Prozess der Globalisierung mitgerissen werden, nicht ausreichend berücksichtigt. Internet, Flugzeuge und Züge ermöglichen es, sich mit einer bis vor Kurzem unbekannten Geschwindigkeit fortzubewegen. Container und Tanker transportieren preiswert Güter aller Art.

Aus diesem Phänomen entsteht ein unausweichlicher Anstieg der Risiken und Krisen in Sachen Umwelt, Machtverteilung und Akkulturation. Für die Staaten und Manager leitet sich hieraus eine gesteigerte und dennoch oft verkannte Verantwortung auf strategischer Ebene ab.

Die Attentate vom 11. September 2001, der Hurrikan Katrina von 2005, die Finanzkrise von 2008, das BP-Desaster im Golf von Mexiko 2010, der arabische Frühling von 2010 bis 2013, die Atomkatastrophe von Fukushima 2011, die Enthüllungen von der «Überwachung» europäischer Instanzen durch die NSA 2013, um nur einige aufsehenerregende Ereignisse zu nennen, haben ein gewisses Unvorbereitetsein der Regierungen aufgezeigt.

In der Industrie oder im Finanzbereich wurden Firmen wie Servier (der berühmte Mediator), Union Carbide, Exxon, Barings, die Société Générale, Madoff, Arthur Andersen oder Enron mit schweren Krisen konfrontiert, und manchen von ihnen ist es nie gelungen, sich wieder aufzurappeln. Selbst Unternehmen wie Perrier und sogar L'Oréal mussten schwierige Krisen bewältigen, haben es aber geschafft, eine dauerhafte Schädigung ihres Images zu vermeiden, oftmals dank einer frühzeitigen strategischen Antizipation.

Das «Risikomanagement» ist eine wesentliche Debatte. Keine Organisation, kein Kleinunternehmen oder multinationaler Konzern, keine Regierung, keine NGO oder supranationale Instanz kann es sich ersparen. Es wäre für sie von Vorteil, Risikomanagement ernsthafter in Erwägung zu ziehen. Außer den multinationalen Konzernen scheinen nur das Militär und die Nachrichtendienste wirklich dafür sensibilisiert. Für sie hat sich die Art der Risiken und der Überwachung geändert. Klassische Kriege sind dem Kampf gegen den Terrorismus – einschließlich Cyber-Terrorismus – und urbanen Guerillas gewichen. Sudan, Afghanistan, Syrien, Mali …

Natürlich gibt es in den meisten Organisationen Abteilungen, die mehr oder weniger mit Risiken betraut sind. Gewöhnlich kümmerte sich der «Risk Manager» in einem Unternehmen um Versicherungsangelegenheiten und ist dem Finanzdirektor unterstellt. Die für das Risikomanagement in allen Bereichen Verantwortlichen müssten tatsächlich eine wichtige, sogar ausschlaggebende Position gegenüber den Entscheidungsträgern bekleiden.

Es ist richtig, dass es relativ viele Personen gibt, die Risikomanagement betreiben, ohne das überhaupt zu wissen. Daraus entstehen nicht bezifferbare Kosten. Die wahre Gefahr besteht aber in der Zerstückelung der Risiken und des Horizonts, auf den die Analysen anwendbar sind.

Eine ganzheitliche Vision ist heute unausweichlich geworden.

«Vorsorgen ist besser als heilen». Wenn man Risiken identifiziert, wirft man heikle Fragen auf. Man muss auf diesem Gebiet gründlich zwischen der Idee der Prävention (Risikomanagement) und der Idee der Heilung (Krisenmanagement) unterscheiden.

Das Risiko darf kein Tabu sein, es gehört zum Leben dazu. Das Einschätzen der verschiedenen eventuellen Risiken stellt ein Muss für jede Organisation dar. Die Verantwortlichen in diesem Bereich verdienen eine klare Position, die innerhalb der verschiedenen Strukturen identisch und angemessen ist.

WELCHE STRUKTUREN FÜR EINE GANZHEITLICHE VISION?

Wie auch immer das Wesen einer Organisation aussieht, sollten wir uns vor den Exzessen mancher Chemie- oder Erdölkonzerne hüten und nicht einfach einer Modeerscheinung verfallen.

Es gilt, zwei Arten von Risiken zu bewältigen; diejenigen, die die gesamte Bevölkerung betreffen: Terrorismus, Generalstreiks, Epidemien, Pandemien, ökologische und klimatische

Probleme, Finanzkrisen ..., und unternehmensspezifische Risiken.

Diese Probleme können in verschiedene «Sensibilitätszonen» eingeteilt werden. Die folgende Liste lässt sich noch fortführen:

- Umwelt
- Politische Angelegenheiten oder Angelegenheiten der öffentlichen Meinung
- Forschung und Entwicklung
- Äußere Risiken: Finanzgerüchte (Betrug, Geldwäsche, Bestechungsgelder)
- Kontaminationen
- Erpressung
- Entführung von Mitarbeitern
- Vergeltung
- Privatleben der Unternehmensleiter
- Handelspraktiken
- Konvergenz der interdisziplinären Kompetenzen

Kommunikation und externe Beziehungen sollten stets die Schnittstelle dieser verschiedenen Bereiche bilden. Die Wirksamkeit ist umso höher, desto besser die einzelnen Stationen der verschiedenen Sensibilitätszonen identifiziert werden. Die Schwierigkeit liegt darin, einen systematischen Überblick zu bewahren. Oftmals sind die Bereiche zu stark unterteilt, sodass die Herausbildung eines global Verantwortlichen nicht zwangsläufig realistisch ist.

ACHT ARTEN DER STRATEGISCHEN FRÜHAUFKLÄRUNG

Können wir alle Risiken beseitigen? Sicher nicht, aber wir sollten unbedingt ermitteln, was wir voraussehen können. Die strategische Frühaufklärung ist ein simples und wirkungsvolles Mittel, solange sie unteilbar, global, ganzheitlich und systematisch ist. Sie kann bei Bedarf gelegentlich, regelmäßig oder kontinuierlich durchgeführt werden.

Die strategische Frühaufklärung ist (oder sollte es zumindest sein) vor allem eine Einstellungssache, eine kontinuierliche, iterative Tätigkeit, die auf die aktive Beobachtung des technologischen, sozialen, gesellschaftlichen, wissenschaftlichen oder technischen Umfelds abzielt – sowie der gegenwärtigen und zukünftigen ökonomischen Einflüsse, um Bedrohungen und vor allem günstige Gelegenheiten zu erkennen. Kurz gesagt, sich informieren, um dann zu antizipieren, sich zu schützen und weiterzuentwickeln.

Die strategische Frühaufklärung ist die effiziente Ausschöpfung diverser Informationsquellen. Sie erfordert eine gute Organisation, um die Synergie zwischen den verschiedenen internen oder externen Beobachtern auszuspielen. Die strategische Frühaufklärung bedeutet ganz einfach nach dem Beispiel Buddhas: «kleiner Mund, große Ohren».

Robert Salmon beschreibt in seinem Buch *Global denken, global gewinnen* sieben Arten der strategischen Frühaufklärung:

1. Gesellschaftsbezogen: Demografie, Alterungseffekt der Bevölkerung, Stellung der Frauen, Verhalten junger Menschen ...

2. Konkurrenzbezogen: Interesse der Konkurrenten an neuen Technologien, Entwicklung der Grenzen zwischen den verschiedenen Aktivitätssektoren ...

3. Geopolitisch: Entwicklung der Kräftefelder, Zukunft bedeutender internationaler Abkommen ASEAN, NAFTA ...

4. Technologiebezogen: Patente, Produkte, Innovationen, NBIC (Nanotechnologie, Biotechnologie, Informationstechnologie, Neurowissenschaften), Singularität usw.

5. Marketing-/Handelsbezogen: Märkte, Handelsstrategien, E-Shopping

6. Rechtsbezogen: gesetzliche, regulatorische und die Rechtsprechung betreffende Entwicklungen

7. Geografiebezogen: Ausmachung neuer Märkte, Kenntnisse der kulturellen Prägung naher und ferner Länder ...

Hierzu muss seit Einzug der Digitalisierung die image- und rufbezogene Beobachtung hinzugeführt werden. Ein aktuelles Beispiel hierfür ist die Einrichtung eines «Digital War Room» bei Nestlé, der eleganter auch «Digital Acceleration Team» genannt wird und eingeführt wurde, nachdem das Unternehmen von Greenpeace (Kitkat-Affäre) mitten in der Generalversammlung der Aktionäre lächerlich gemacht wurde.

Die Klippen zwischen den Extremen zu umgehen, ist zwar ein Drahtseilakt, aber dennoch absolut notwendig. Wir sollten weder das Tempo der technologischen Veränderungen überbewerten noch das Gewicht der Unbeweglichkeit unterschätzen. Wer die Invarianten nicht erkennt, wird vom Dogmatismus der Veränderung geblendet. Dabei muss man sich davor hüten, sich nur das vorzustellen, was sich ändern könnte, ohne vorsichtig zu analysieren, was unverändert bleiben wird.

Wenn mangelnde Vorbereitung zu einem Desaster führt

Öffentliche und politische Angelegenheiten sind am heikelsten. Antizipation ist hier von höchster Bedeutung. Dennoch verfügen die Organisationen in der Regel oft nicht über die geeignete Person oder noch weniger über angemessene Verfahren.

Nehmen wir das Beispiel der Schweiz, deren Wohlstand eigentlich nur Eifersucht und Neid erzeugen kann, und sorgen wir dafür, dass sie nicht vom Sündenbock zum Schurkenstaat wird. Dieser Aspekt wird nicht genug berücksichtigt. Die Machthaber scheinen sehr oft durch die Ereignisse gelähmt, und ihre Reaktionen, wenn es denn welche gibt, erfolgen entweder verzögert oder sind einfach vollkommen deplatziert.

Die UBS musste vor Jahren eine schwere Krise um die erbenlosen jüdischen Vermögen bewältigen. Mangelnde Vorbereitung und eine verheerende Kommunikation (die berühmten «Peanuts» von Robert Studer, CEO von UBS) haben die Affäre in einen Albtraum verwandelt, der von einer ebenso gesalzenen wie überzogenen Rechnung begleitet wurde. Ohne gar vom Imageverlust zu reden. Erinnern Sie sich an den UBS-Slogan «Wir werden nicht ruhen».

Dabei gibt es beim Entstehen einer Krise fast immer vorausgehende schwache Signale, die vernachlässigt oder verschwiegen wurden.

Sobald die Journalisten Wind davon bekommen, , beläuft sich die Reaktionszeit für das betroffene Unternehmen auf 24 bis 48 Stunden! Ist es in Sachen Kommunikation auf den Fall vorbereitet, kann es darauf hoffen, den Flächenbrand einzudämmen oder gar zu löschen. Zuvor müssen jedoch eine angemessene Strategie entwickelt und Mittel eingesetzt worden sein, um die potenziellen Risiken auszumachen und ihnen vorzugreifen.

Hierzu müssen wir aber wissen, wie wir die von hochwertigen, spezialisierten Agenturen verwalteten Kommunikationsstellen benutzen, die in der Lage sind, angemessene Botschaften für die verschiedenen Nachrichtenträger zu verfassen (Presse, Radio, TV, Web, soziale Netzwerke …), um das Ausmaß der Krise zu minimieren und diese dann schrittweise unter Kontrolle zu bekommen.

Wir leben in einer Welt, in der die Realität an sich weniger zählt als die Darstellung von ihr. Oftmals werden die Entscheidungsträger regelrecht überrumpelt und sind sich nicht bewusst, wie wichtig die Vermittlung eines positiven Bildes ist. Mangelnde Vorbereitung zwingt sie zum Schweigen, zu erbärmlichen oder nur wenig überzeugenden Improvisationen. Schon ist der Schaden entstanden.

Wir erinnern uns alle noch an Nike und die Vorwürfe gegen die Firma, Kinderarbeit zu dulden. Das Pharmaunternehmen Servier wird es schwer haben, den mit Mediator provozierten Skandal in Vergessenheit geraten zu lassen. Da helfen auch die Millionen von Euro nicht, mit denen sich die auf Krisenbewältigung spezialisierten Agenturen bereichert haben.

Die konstanten Anklagen gegen die Schweiz, Betrug und Steuerflucht zu unterstützen, sind in vielerlei Hinsicht übertrieben. Es ist dennoch höchst erstaunlich, dass das Land dieses negative Image entstehen lässt, ohne zu reagieren oder einen Gegenangriff zu starten.

Denn es gibt viele Länder, die weitaus mehr Schuld auf sich geladen haben. Die mangelnde Ausbildung der politischen Eliten und die ungenügende Organisation im Bereich des Risikomanagements und der Krisenbewältigung sind in diesem Land sicher mitverantwortlich für diese offensichtliche Tatsache. Anscheinend sind die Verantwortlichen Opfer einer grundlosen Schamhaftigkeit oder einer bequemen Amnesie. Dabei bedeutet regieren vorhersehen!

Sechs Empfehlungen

Die Hindernisse, die die Fähigkeit der Regierungen lähmt, mit Risiken umzugehen und Krisen zu bewältigen, sind oft tief in den Strukturen verwurzelt. Die Spannungen zwischen der ausübenden und der juristischen Gewalt, die Aufteilung der Verantwortlichkeiten auf verschiedene Instanzen sowie unflexible, komplexe Abläufe machen die Sache nicht einfacher. Die beste Lösung ist, pragmatisch vorzugehen und in sukzessiven Schritten zu handeln. Die alleinige Ausarbeitung einer Vermeidungsstrategie ist leichtsinnig und sogar gefährlich.

Hier einige Empfehlungen:
- Ein Audit der verschiedenen Perzeptionen potenzieller Risiken durchführen. Ein Teil der Arbeit kann ausgelagert werden.
- Risiken identifizieren und sie mithilfe des Audits hierarchisieren.
- Einsatz einer globalen Koordinationsinstanz, die der höchsten Führungsebene untersteht, für alle Abläufe und Verantwortlichkeiten. Das Audit wird dabei helfen, die am besten geeignete Ankopplung zu bestimmen.
- Ergänzen Sie die Maßnahmen eher, als sie zu ändern, da es bestimmt bereits funktionierende Instanzen gibt.
- Training, Training, Training, Methodologie und Sensibilisierung.
- Auf externe Spezialisten zurückgreifen, um Mängel wettzumachen, vor allem im Bereich der Kommunikation, wo sich Kompetenzen nicht improvisieren lassen.

Das wirksamste Mittel, damit ein globales Budget akzeptiert wird, ist die Vereinheitlichung der Strategien und der Planung, da es immer bereits laufende Aktionen gibt. Jeder wird sowieso darum kämpfen, das eigene Revier zu verteidigen.

Tatsächlich sind Aufwendungen zur Prävention generell weder ein einfacher noch spontaner Ansatz. Dabei ist die Verbesserung der Fähigkeit der Regierungen, Bedrohungen zu antizipieren und ihnen gegenüber strategisch zu handeln, in einer Welt im ständigen Wandel fundamental.

Kapitel 7

SZENARIEN FÜR DIE ZUKUNFT

Loben Sie das Hochland, aber verweilen Sie im Flachland.
SCHWEIZER SPRICHWORT

Man muss nicht Jacques Attali sein, um zu erkennen, *«dass die Welt aktuell eine gleichzeitig sehr gefährliche und vielversprechende Phase durchläuft»*. Es stimmt, dass sich die Welt schneller als zu jedem anderen Zeitpunkt der Menschheitsgeschichte verändert.

Und seien wir ehrlich, ein Großteil von uns verabscheut es, sich dieser neuen Realität zu stellen und die heute geltenden Denkmuster und Analysen aufzugeben. Dem biologischen Menschen graut es vor Veränderung, während uns die Biologie täglich vor Augen führt, was Veränderung bedeutet.

Von Megatrends vorangetrieben – die sich ihrerseits mit Vorgaben von verändernden Einflüssen kreuzen –, richtet sich die Welt in einer Bewegung intensiver Wandlungen gen 2030. Das ist die Geschichte einer Beschleunigung, die dank (oder aufgrund) der Technologie an eine Ausbreitung und Umverteilung der Macht gekoppelt ist.

Machtverteilung, wachsende Forderungen einer Mittelklasse, die gebildeter ist als je zuvor, und die wahrscheinliche energetische Unabhängigkeit der Vereinigten Staaten bis 2020 werden diese neue Welt, die sich vor unseren Augen aufbaut, auf außerordentliche Weise verändern. Das wird substanziell in dem Bericht «Global Trends 2030» offengelegt, der vom US-amerikanischen National Intelligence Council (NIC) veröffentlicht wird.

Autonomiegewinn des Individuums, Machtverteilung, demografische Herausforderungen und Vernetzung zwischen Nahrung, Wasser und Energien sind die in dem Bericht präsentierten Megatrends. Sie sind nicht unbedingt neu, werden sich aber weiterhin zunehmend miteinander verflechten, um den Verlauf der Geschichte zu beeinflussen.

Die große Mehrheit von uns wird aufgeklärter, älter und oftmals bei besserer Gesundheit sterben. Die Technologie ermöglicht uns, unsere Beziehungen (häufig virtuell) zu vervielfachen, und vor allem, unsere Kenntnisse auf phänomenale Weise zu erweitern. Damit geht eine kollektive Einflussnahme einher, die in der Lage ist, die etablierte Ordnung ins Wanken zu bringen. Im Gegenzug kann sie aber auch von Tyrannen, Terroristen und Kybernetikern für negative Zwecke missbraucht werden. Die massive Ausbeutung von Schiefergas, die den USA zudem die energetische Unabhängigkeit verschaffen wird, wird die geostrategischen Karten neu verteilen. Außerhalb Nordamerikas gibt es ebenfalls hervorragende und abbaubare Vorkommen, darunter in Argentinien, Südafrika, Australien und vor allem in China. Es versteht sich von selbst, dass dieser Abbau den Verlauf der Welt bis 2030 erheblich beeinflussen wird.

«MÄSSIGUNG ORGANISIEREN»

Wir müssen die intellektuelle Stärke finden, dem wahren Kernproblem, das sich der menschlichen Gesellschaft zu Beginn des 21. Jahrhunderts stellt, ins Auge zu blicken: Die ökologischen Zwänge verbieten, dass sich der westliche Lebensstandard weltweit verallgemeinert. Er müsste demnach gesenkt werden, damit jeder seinen gerechten Anteil hat. Anders ausgedrückt, eine materielle Verarmung des Westens wäre unvermeidlich, wie Hervé

Kempf hervorhebt: «*Eine Welt mit neun Milliarden Einwohnern, bei der alle vom Wohlstandsniveau des Westens profitieren, ist ökologisch gesehen ein Ding der Unmöglichkeit*», und deshalb «*geht es nicht mehr darum, den Überfluss, die vom Wachstum versprochene endlose Bereicherung aufzuteilen, sondern darum, die Gesellschaft umzuorganisieren, und zwar hauptsächlich in den Industrieländern*». Die Schweiz inbegriffen ...

Aber die Welt war noch nie so stark besiedelt, so alt und so urbanisiert wie heute. Es ist dabei nicht einmal die Bevölkerungsmasse – ca. 7,2 Milliarden Einwohner –, die ein Problem darstellen wird, sondern es sind eher ihre Zusammensetzung, ihre räumliche Verteilung und die neuen Süd-Nord-Migrationsflüsse. In zwanzig Jahren werden nur fünfzig sogenannte «junge» Länder mit einem Durchschnittsalter von unter 25 Jahren im Vergleich zu den heute existierenden 80 Ländern fortbestehen. Sie werden sich überwiegend in der subsaharischen Zone befinden.

Die alternden Länder, vor allem Europa, Japan oder Südkorea, müssen sich anstrengen, um ihren Lebensstandard zu bewahren und um zunehmende Aufwendungen im Bereich der Renten und Gesundheit verkraften zu können. Zudem werden China, die Türkei und Brasilien – deren Bevölkerungen in Windeseile altern – zu Einwanderungsländern.

Die galoppierende Urbanisierung – 60 Prozent der Bevölkerung werden bis 2030 in Städten oder stadtnahen Regionen leben – führt zu neuem Stress für die verfügbaren Flächen. Lebensnotwendige und energetische Ressourcen und die vorhandenen Infrastrukturen werden unterdimensioniert sein.

Die Vernetzung zwischen Nahrungsmitteln, Wasser und Energien, die mit dem Klimawandel einhergeht, sollte nicht unterschätzt werden. Die Nachfrage für diese Ressourcen wird durch den Bevölkerungszuwachs erheblich ansteigen. Vor allem aber auch durch den Konsumanstieg der Mittelklasse. Die Wechselbeziehungen zwischen Nahrungsmitteln, Wasser und Energien machen sich durch ein unaufhörliches Spiel zwischen Angebot und Nachfrage erkennbar.

Allerdings dürfen angesichts dieser Megatrends die «Trauerschwäne» – unvorhersehbare Ereignisse mit sehr geringer Wahrscheinlichkeit, aber verheerenden Folgen (vom 11. September 2001 bis Fukushima) – nicht in Vergessenheit geraten, da sie den Planeten bis 2030 ins Wanken bringen könnten.

Nehmen wir zum Beispiel einen Atomkrieg, auch wenn er nur regional wäre, kybernetische Terrorangriffe von großem Ausmaß, Ungewissheiten im Hinblick auf die gesellschaftliche Stabilität in bestimmten aufstrebenden Ländern, darunter China als Folge eines verlangsamten Wirtschaftswachstums (schon morgen ...), geomagnetische Sonnenstürme, Waffenkonflikte um den Erwerb seltener Gebiete oder Wasservorkommnisse, Auswirkungen des Klimawandels in Schwellenländern. Die Liste ist weitaus länger.

Was ist zudem zu halten von einem eventuellen Zusammenbruch der Demokratischen Republik Kongo (viele Bodenschätze), einer Getreiderost-Epidemie in Indien oder Pakistan, einem Rückzug der Vereinigten Staaten von der Weltbühne (aufgrund der energetischen Unabhängigkeit), einem möglichen Beitritt der Türkei in die Europäische Union, einer Wiedervereinigung der beiden Koreas, einem Zusammenbruch bzw. einer Zerstückelung Europas, der Entwicklung der Konflikte im Nahen Os-

ten oder, um diesen nicht gerade erfreulichen Überblick abzu-
schließen, vom Auftreten neuer Krankheitserreger?

Die Szenarien einer neuen Welt

Vier Szenarien wurden in dem Bericht des US National Intelligence Council erörtert. Wir fassen sie zusammen.

«Blockierte Motoren»: In diesem Szenario verfallen die Vereinigten Staaten von Amerika dem Isolationismus, Europa versinkt
tiefer in der Krise und ist nach dem möglichen Zusammenbruch
des Euros unfähig, eine neue Welt zu gestalten. Asien zerreißt,
und die Globalisierung kommt ins Stocken. Dieses Szenario erwähnt zudem den Niedergang der westlichen Vorherrschaft und
das Aufflammen zwischenstaatlicher Konflikte.

«Fusion»: In diesem Szenario intervenieren die G3-Staaten in
Südasien, also die USA, China und Europa, um eine Zuspit-
zung der dortigen Konflikte zu vermeiden und um gleichzeitig
die Rückkehr zu weltweitem Wachstum zu ermöglichen. Dieses Szenario baut auf gemeinsamen Sichtweisen und Interessen
auf, auf der Suche nach einer gewissen Weltharmonie und einer
wiedererlangten und erneuerten wirtschaftlichen Kooperations-
bereitschaft.

«Der Flaschengeist entweicht der Flasche»: In diesem Szenario
wachsen die Kluft und die Ungleichheiten zwischen den zunehmend reicher und den immer ärmer werdenden Ländern und
vergiften die sich neu bildende Weltordnung.
   Die Vereinigten Staaten haben ihre energetische Unabhängigkeit erreicht – und exportieren zudem noch Energie – dank der

Gewinnung von Schiefergas (dessen Barrel 50 Prozent vom durchschnittlichen Kurs von 2013, der bei 100 US-Dollar lag, gehandelt würde). Von den bisherigen Erzeugerländern rücken sie ab, was die gegenwärtigen geopolitischen Gleichgewichte destabilisiert.

«Eine Welt ohne Staaten»: Dieses Szenario sieht eine «Privatisierung der weltweiten Herausforderungen vor», die gewöhnlich von den Staaten bewältigt werden. Mithilfe von Spitzentechnologie ersetzen reiche Privatpersonen, akademische Institutionen, NGOs und multinationale Konzerne auf diese Weise die Staaten.

Die Gründe für den Machverlust der Staaten sind in der Globalisierung zu verorten, durch multinationale Konzerne, freien Kapitalverkehr, grenzüberschreitende Versorgungs- und Kommunikationsnetze.

2030 AUS DER SICHT DER WORLD FUTURE SOCIETY

Ein Bericht der World Future Society mit dem Namen «Top 10 Disappearing Futures», der von den derzeit prominentesten Futuristen erstellt wurde, sollte uns durch seine Prognosen bis zum Jahr 2030 besonders betroffen machen.

Es wäre für Heidi von großem Vorteil, sie bei ihren Zukunftsüberlegungen in Betracht zu ziehen und so manch einer Gewissheit eine neue Richtung zu verleihen.

1. Die Verbreitung von Smartphones mit Übersetzungstools mit sprachlicher Echtzeitübersetzung könnte das Aussterben von über der Hälfte der sechstausend gesprochenen Sprachen beschleunigen.

Die englische Sprache, die offizielle Geschäftssprache, würde einer Milliarde Menschen bis 2030 eine Art Status als «virtuelle

Immigranten» verleihen. Zahlreiche Wirtschaftsbarrieren würden so abgeschafft. Die Spracherkennung und Echtzeit-Übersetzung würden die Kontakte zu Ausländern und eine bessere gegenseitige Verständigung fördern. Englisch und Chinesisch wären hierbei unumgänglich.

Religiöse Intoleranz wie Fundamentalismus würde dank der Fortschritte der globalen Wissenschaft und der Technologie sowie durch den «free trade», durch Widerstandskraft und die Zunahme des Reichtums stark zurückgehen. Demgegenüber kommt es zum Untergang der etablierten Religionen mit einer gleichzeitigen Zunahme von Spiritualität.

2. Die progressive Erosion des öffentlichen Bildungswesens.
Öffentliche Schulen werden privatisiert, und neue Wege zur Vermittlung von Kenntnissen, Wissen und Kompetenzen werden das uns bekannte geltende Bildungsmodell ersetzen. Dies wird durch die Verbreitung der Informations- und Kommunikationstechnologie möglich. Das Konzept des lebenslangen Lernens wird vorherrschen.

3. Das heutige Europa wird fraglich.
Ein tief greifender kultureller Wandel wird langfristig notwendig, um ein einheitliches Europa aufrechtzuerhalten.

4. Zwei Milliarden Arbeitsplätze sind vom Wegfall bedroht.
Atemberaubende technologische Fortschritte bringen die Wirtschaft durcheinander, was zum Wegfall vieler Arbeitsplätze führt. Allerdings ermöglicht das einfachere Aneignen von Fertigkeiten, die Personen weiterhin zu beschäftigen. Die Technologien werden das Panorama von Grund auf ändern: mobiles Internet, die Automatisierung von Wissen und Arbeit, das Internet der Dinge, Cloud-Computing, künstliche Intelligenz,

Nanotechnologie, fortgeschrittene Robotik, totale oder teilweise Autonomie von Fahrzeugen, Genomik, synthetische Biologie, Energiespeicherung, «3-D-Printing», neue Materialien, Öl- oder Gasförderung und erneuerbare Energien.

5. Das unvermeidbare Auftreten neuer Vertriebsformen.
Geschäfte werden nach und nach zu schlichten Ausstellungs- und Präsentationsräumen: durch die Entwicklung des 3D-Drucks (der eine sofortige lokale Fertigung ermöglicht), die Identifizierung mithilfe elektromagnetischer Wellen (RFID), die erweiterte Realität (die bereits in der Mode verwendet wird) und durch die Entwicklung von Mini-Drohnen, die eines Tages den Pizzalieferanten ersetzen könnten. Das hat in der nahen Zukunft erhebliche Auswirkungen auf Logistik-, Transport- und Dienstleistungsunternehmen, auf Verkaufsstellen sowie auf Versicherungen und Sicherheitsfirmen.

6. Ein personalisiertes, präventives, prädiktives und partizipatives Gesundheitswesen.
Erwachsene Menschen werden für ihr Routine-Check-up weniger bzw. gar keine Ärzte mehr aufsuchen müssen. Arztbesuche und Diagnosen werden aus der Entfernung möglich sein. Die Medizin von morgen wird persönlich, prädiktiv, präventiv und partizipativ sein. Vinod Khosla, Mitbegründer von Sun Microsystems, glaubt, dass 80 Prozent der Ärzte von Maschinen ersetzt werden können.

7. Kein Papier, kein Bargeld und kein Kabel («Wireless») bis 2030.
Die Verteilung von Post, Rechnungen, Zeitungen, Magazinen, Büchern wird infrage gestellt.

8. Abnahme bzw. Ende der Anonymität, die de facto unmöglich wird.

9. Bye-bye, Smartphone, Computer …
Hardwaregeräte werden überflüssig durch die Verbreitung dialogorientierter Interaktion.

10. Zunehmende Sicherheit.
Die Konvergenz der Technologien, die Fahrzeuge verbinden und automatisieren, macht es möglich, in aller Sicherheit auf den Straßen zu fahren (autonome Fahrzeuge). Die Technologie ermöglicht einen sehr viel besseren Schutz vor Kriminalität jeglicher Art. Das wird in Zukunft erhebliche Auswirkungen auf das Ökosystem der Mobilität haben, d.h. auf Autowerkstätten, Autohändler, Sicherheitsfirmen und natürlich auf Versicherungsunternehmen.

Zwei Kommentare drängen sich allerdings zu diesem ausgezeichneten Bericht «Top 10 Disappearing Futures» auf, der zu verstehen gibt, dass die technologischen Revolutionen fast sämtliche Probleme von morgen lösen können:

1. Die gegenwärtige Kluft zwischen Arm und Reich wird nicht fortbestehen, da die armen Klassen dank der Technologien Zugang zu Bildung haben werden. Wie das bereits in vielen Ländern der Fall ist, ertragen die Massen junger gebildeter Menschen der Schwellenländer nicht länger die zu großen gesellschaftlichen Frustrationen und die fehlenden Arbeitsplätze. Das kann ohne Zweifel nur zu explosiven Situationen führen.

2. In diesem ansonsten beachtenswerten Dokument wird keine menschliche oder zwischenmenschliche Dimension wirklich angesprochen, dabei ist der Mensch der entscheidende Faktor in jedem Unternehmen.

«Alle Wege führen zum Menschen», wie Robert Salmon bereits 1994 in seinem gleichnamigen Buch *(Tous les chemins mènent à l'homme)*, das in deutscher Übersetzung vorliegt, betonte.

WIE SIEHT DIE ZUKUNFT FÜR EUROPA AUS?

Anlässlich der World Future Conference im Juli 2013 haben die Autoren einige Betrachtungen und Szenarien über Europas Zukunft vorgestellt.

- Die ökonomischen, politischen und sozialen Wechselwirkungen Europas mit China und den Vereinigten Staaten verhindern in dieser stark vernetzen Welt, dass Letztere eine gar zu ichbezogene Rolle spielen.
- Europa 2.0 (das Nachkriegs-Europa) ist noch jung und perfektionierbar. Seine Errungenschaften aus sechzig Jahren zeugen davon. In Anbetracht des Ruins mancher Länder nach dem 2. Weltkrieg erscheinen diese absolut phänomenal.
- Europa im Jahr 2013 lässt sich auf sechs Antagonismen oder auch Schismen reduzieren: Deutschland gegen den Rest Europas, Deutschland gegen Frankreich, der Norden gegen den Süden in Sachen Wettbewerbsfähigkeit, die Bevölkerung gegen die politischen Eliten in Brüssel und letztendlich der Konflikt zwischen jungen Arbeitslosen und älteren Menschen.
- Europa muss sich neu positionieren, um zum «ersten Staatenbund» zu werden, da es bald zur dritten Wirtschaft hinter China und den Vereinigten Staat abrutschen wird, obgleich es heute noch die erste ist.
- Das System des Schweizer Föderalismus setzt seinen Weg in einem Europa fort, das vom Zweifel zerfressen wird.

- 26 Prozent der jungen Europäer zwischen 18 und 25 Jahren sind arbeitslos. Das sind sechs Millionen Menschen; die Herausforderung besteht darin, festzustellen, wie man – parallel zur Bereitstellung von Milliarden von Euro als Einstellungsanreiz für die Unternehmen – die verfügbaren Mittel für ein mobilisierendes Projekt (zum Beispiel «Europa Vision 2030») einsetzen kann, um den Eifer zu katalysieren und um neue Hoffnung und Würde zu vermitteln.

- Europa ist genauso wie die Schweiz ein Labor der Welt von morgen, als Beweis dafür gilt die Länderzahl, die den BLI (Better Life Index) angenommen haben, ein von der OECD ausgearbeiteter Indikator für Wohlbefinden. Zu den in dem Bericht «Global Europa 2050» erwähnten Szenarien gehört u. a. der «Föderalismus à la Suisse», «Renaissance», «Nobody cares», «EU under Threat» …Wird die englische Sprache zum kleinsten gemeinsamen Nenner dieser europäischen Jugend, die an den Fähigkeiten der Älteren zweifelt, ihnen Arbeit zu verschaffen?Es ist dringend notwendig, dass sich diese Jugend selbst in die Hand nimmt, sich selbst ausbildet und die Kultur des Selbstunternehmertums gedeihen lässt. Ihre Zukunft wird davon abhängen. Die Jungen müssen wissen, dass sie sich zunächst auf sich selbst verlassen müssen. Raymond Barre hat das Klaus Schwab, Gründer und Präseident des Weltwirtschaftforums, schon vor Jahren angekündigt: «In einer Generation wird man ihnen keinen Arbeitsplatz mehr anbieten, sie werden sich ihren Arbeitsplatz selbst schaffen müssen.»

… UND FÜR DIE SCHWEIZ?

Die Schweiz heute: Das bedeutet Freiheit, Sicherheit, Stabilität, Ruhe und Konservatismus. Aber wie sieht es bis 2030 aus?

Die Schweiz besitzt einen Generalstab für Zukunftsforschung, der alle vier Jahre «einen Bericht mit einer Gesamtübersicht über die potenziellen Zukunftsszenarien für die Schweiz und über die allgemeinen Entwicklungstrends» verfasst.

Der Bericht «Perspectives 2025», der 2011 herausgegeben wurde, hat in zwei Hauptachsen eingeteilte Szenarien ausgearbeitet: Zerstückelung (weltweit oder regional) oder Integration, hauptsächlich auf europäischem Niveau.

Diese Arbeit der Zukunftsforschung ist erwähnenswert. Es drängt sich jedoch die Frage auf, in welchem Ausmaß sie bekannt ist, anerkannt, benutzt und vor allem aktualisiert wird? Und ob das Schweizer Volk, vor allem die heranwachsende Generation, daran beteiligt wurde, wie das in manchen anderen europäischen Ländern der Fall ist?

Erwähnen wir zudem die Arbeit des Thinktanks CSS (Center for Security Studies) der ETH Zürich, die sich mit Sicherheits- und Strategiefragen für den Bedarf von Politikern und öffentlichen Behörden befasst.

In einer anderen Klangart fasst der Geheimdienst der Eidgenossenschaft, der berüchtigte NDB (Nachrichtendienst des Bundes), die Situation so zusammen:

«Die Schweiz ist im internationalen Vergleich nach wie vor ein Land, das große Freiheiten garantiert und eine hohe Sicherheit gewährt. In dieser Beziehung geht es uns gut, und wir können stolz sein. Diese Freiheit und Sicherheit ist aber kein Geschenk. Wir müssen uns anstrengen, um sie zu bewahren und teilweise auch zu verteidigen.»

Es ist nicht zu leugnen, dass auch bei unserem Nachrichtendienst eine gewisse Defensive vorherrscht.

Ist die Schweiz nicht vielleicht doch verletzbarer, als sie glaubt oder gar vorgeben möchte? «Wir-sind-die-Besten», warum sollten wir etwas ändern?

Wie nimmt diese goldene, gebildete, behütete, angeblich kaum erhörte Schweizer Jugend, der man einen anständigen «Tritt in den Allerwertesten geben sollte» (nach den eleganten Worten einer Persönlichkeit des Verlagswesens aus der französischen Schweiz), diese Herausforderungen, denen sie sich morgen stellen muss, wahr? Welche Position bezieht unsere Regierung im Hinblick auf diese Szenarien? Wohin gehen wir?

Stammt diese Verletzbarkeit nicht vielleicht aus der Unfähigkeit oder der fehlenden Willenskraft, eine begeisterungsfähige Vision einer selbstbewussten Schweiz zu entwickeln, die stolz ist auf ihr Erbe, kämpferisch und voller Tatendrang?

Bis zu welchem Punkt ist die Schweiz von morgen noch so sicher wie die von heute? Was wird aus unseren Freiheiten in einer zunehmend Orwell'schen Welt?

Was könnte dieses pluriethnische Einwanderungsland mit 20 Prozent Ausländern und bald neun Millionen Einwohnern, allerdings mit einer Infrastruktur ausgestattet, die bald schon ungeeignet für die vorhersehbare Entwicklung von morgen zu sein droht, aus der Ruhe bringen?

«Alles ist gut, und alles ist unter Kontrolle», scheinen unsere Geheimdienste in ihren Veröffentlichungen zu sagen. Es gibt derzeit keine Bedrohung, keine bedeutenden oder unmittelbaren Risiken. Gewiss gibt es kleine Sorgen, aufgrund der europäischen Schuldenkrise oder der Vormachtstellung von Russland als «Energiesupermacht». Aber das Land ist immer noch kein prioritäres Ziel für dschihadistisch motivierte Anschläge, und der Staat wird weder von Links- noch von Rechtsextremisten bedroht, auch wenn deren Untergrundaktivitäten nicht zu unterschätzen sind.

HORIZONT 2030: HERAUSFORDERUNGEN UND GELEGENHEITEN

Bis zum Jahr 2030 wird die Schweiz auf drei Schauplätzen (weltweit, regional und intern) zahlreichen Herausforderungen ausgesetzt, aus denen sie Profit schlagen muss. Zählen wir einige davon auf.

- Die Intensivierung des ausländischen Drucks «jeglicher Art», die die Schweiz früher oder später dazu treiben wird, aus der Haut zu fahren, um sich Respekt zu verschaffen. Ihr zukünftiges und sogar aktuelles Image steht auf dem Spiel. Sie kann sich nicht länger unterwerfen, die Konsenspolitik hat ihre Grenzen und funktioniert nicht unbedingt im Zusammenspiel mit anderen Ländern.

- Die zunehmende ökonomische, ideologische und politische Schwächung, eventuell sogar die Zerschlagung Europas bis 2023. Im Gegensatz dazu gibt Hervé Kempf zu bedenken: «Die paradoxe Stärke Europas: Europa hat die Zukunft vor sich. Weil es maßvoller, gerechter und nicht so aggressiv wie andere Supermächte ist. Seine Schwäche ist seine Stärke.»

- Die wirtschaftliche und politische und vielleicht sogar bald kulturelle Vorherrschaft Chinas. Was das angeht, hat die Schweiz lange vor anderen Nationen ihr politisches und wirtschaftliches Gespür bewiesen, indem sie ein Freihandelsabkommen mit dem Land der Mitte im Juni 2013 unterzeichnete. Auch hierfür werden wir beneidet ...

- Die zunehmende Bedeutung von Brasilien, Russland, Indien, China und Südafrika, trotz episodisch auftretender Unruhen unter der Bevölkerung. Das haben zum Beispiel die Proteste zur Fußball-Weltmeisterschaft in Brasilien gezeigt, die zu den Olympischen Spielen 2016 vermutlich wieder aufflammen werden, möglicherweise sogar verschärft. In all diesen Ländern sind die zunehmenden Forderungen der Mittelklasse nicht zu unterschätzen.

- Der Niedergang der ehemaligen Imperien (JAFRU) wie Japan, Deutschland, Frankreich und England, die unfähig sind, sich zu reformieren, neu zu definieren, zu erneuern und mit einer sich vollständig verändernden Welt auseinanderzusetzen. Japan scheint sich dabei noch eher aus der Affäre zu ziehen, da es die neuen Technologien besser beherrscht … Die Ausrichtung der Olympischen Spiele im Jahr 2020 wird ein starker Motor für den Wachstum und Balsam auf den Wunden von Fukushima sein.
- Die steigende Dynamik der mittleren Mächte, die vermehrt in diversen und vielfältigen, strukturierten oder unstrukturierten Allianzen zusammengefasst sind, um sich als weltweite Einflussgruppen zu etablieren. Die Liste ist sehr lang.

Zu erwähnen sind selbstverständlich die BRICS-Länder (Brasilien, Russland, Indien, China und Südafrika); MIST (Mexiko, Indonesien, Südkorea und die Türkei); CIVETS (Kolumbien, Indonesien, Vietnam, Ägypten, Türkei und Südafrika); EAGLEs (Emerging and Growth-Leading Economies), zu denen die BRIC- und MIST-Länder gehören, einschließlich Taiwan; die Next Eleven (Ägypten, Bangladesch, Indonesien, Iran, Mexiko, Nigeria, Pakistan, Philippinen, Südkorea, Türkei und Vietnam); BENIVM (Bangladesch, Äthiopien, Nigeria, Indonesien, Vietnam und Mexiko) oder BRIICSSAMT (Brasilien, Russland, Indien, Indonesien, China, Südafrika, Saudi-Arabien, Argentinien, Mexiko und die Türkei), die alle aufstrebenden Volkswirtschaften der G20-Länder umfassen …

- Die Zunahme von Wasserkriegen, klimatischen, kybernetischen, ethnischen, regionalen Kriegen und Bürgerkriegen.

- Die Streuung von Machtstrukturen aufgrund der Demokratisierung und des universellen Zugangs zu neuen Technologien.
- Zunehmende Forderungen der Bürger, allerdings unter elektronischer Überwachung der Vereinigten Staaten (Echelon) oder der Schweiz via Onyx.
- Letztlich das Auftreten des Menschen 2.0 oder die wahrscheinliche Auseinandersetzung zwischen »Transhumanisten» (mit der Unterstützung der von Google, «dem zukünftigen Herrscher der Welt», entwickelten künstlichen Intelligenz) und den «Bio-Konservativen» (die ihrerseits den biologischen Menschen gegenüber der Maschine verteidigen).

VIER SZENARIEN FÜR DIE SCHWEIZ BIS 2030

Bis zum Jahr 2030 wird die von China, Indien und Afrika gebildete Gruppe «Chindiafrique», ein von Jean-Joseph Boillot entwickelter Begriff, die geopolitischen Gegebenheiten unserer Welt durcheinandergebracht haben. Dieses Dreieck der Giganten wird pro Jahr 5 bis 6 Prozent Wachstum aufweisen und seinen Anteil am weltweiten BIP von 25 auf 45 Prozent erhöhen.

Die Herausforderung für die Schweiz liegt also in ihrem Umgang mit dem Wandel der Welt, um bestmöglich ihre Interessen (und die ihrer Kinder) zu wahren.

Können und dürfen wir eine Ausnahme mitten in einer sich ändernden, ungewissen und chaotischen Welt bleiben? Welche Rolle können wir auf der Ebene der Weltregierung spielen, indem wir die Staaten, die nach einer harmonischeren Entwicklung streben, von unserem Wissen, unserem Know-how und unserer Erfahrung profitieren lassen? Oder sogar, wie François Schaller vom Finanzblatt *L'Agefi* hervorhebt: «Die Schweiz könnte ihrer Außenpolitik einen neuen Sinn verleihen, indem sie eine Art intellektuelles Leadership der kleinen Staaten gegenüber den großen annimmt.» (...) «Sie würde so an Sichtbarkeit und Achtbarkeit gewinnen.»

Andere Stimmen, wie die von Stéphane Garelli, Professor an der HEC von Lausanne und am IMD, fordern die Entwicklung eines «anderen Wohlstands».

Ist das Schweizer Volk – vor allem die Jugend – bereit, diese sich abzeichnende neue Welt in Angriff zu nehmen und sie mitzugestalten? Oder ist es zu sehr mit dem Erhalt seiner Errungenschaften und seiner Renten oder gar mit seinem Egoismus beschäftigt? Läuft die Schweiz so nicht Gefahr, an sich selbst zu ersticken?

Wir haben mit Anbruch dieser neuen Ära vier Szenarien für die Schweiz im Jahr 2030 umrissen, die wir ganz bewusst «Vogel Strauß», «Lebensgemeinschaft», «Kapitulation» und «Heidi, behaupte dich» nennen.

Das Vogel-Strauß-Syndrom:

Bei diesem Szenario geht es um die Abkapselung von der Außenwelt, die Angst vor dem Fremden, dem reellen oder ideologischen Schließen der Grenzen. Von Immobilismus verdeckter Rückschritt.

Lebensgemeinschaft mit der Europäischen Union:

Innerhalb eines Europas, das versucht, sich wieder in den Griff zu bekommen, wird sich die Schweiz und vor allem ihre Bevölkerung endlich der interplanetarischen Herausforderungen bewusst. Sie integriert sich schrittweise in ein föderal gewordenes Europa, wobei sie wie Schweden ängstlich an ihrer Währung festhält. Das ist die Geschichte der Lebensgemeinschaft zwischen Europa und der Schweiz.

Die Kapitulation des Staates:

Die meisten Dienstleistungen wurden privatisiert. Transnationale Unternehmen haben über die Politik gesiegt. Wir wohnen der progressiven Abschaffung des Staates bei.

Heidi, behaupte dich:

Die Schweiz wird zum Symbol und Beispiel des Gesellschaftslabors. Eine neue Jugend entsteht und bringt sich aktiv ein. Das führt zu einer neuen Außenpolitik der Schweiz, die das intellektuelle Leadership der kleinen Staaten gegenüber den großen übernimmt.

Nachwort

DIE SCHWEIZ IST AM ENDE EINES ZYKLUS ANGEKOMMEN, SIE WEISS DAS BLOSS NOCH NICHT

«Ohne Abweichung von der Norm ist Fortschritt nicht möglich.»
FRANK ZAPPA

Die Schweiz hat in jedem Fall weitaus mehr zu bieten als das Bild vom Profitgeier, das ihr schon seit Jahrhunderten anhängt. «Neutral bei den großen Revolutionen der Staaten, die sie umgaben, bereicherten sich die Schweizer am Unglück anderer und gründeten eine Bank auf den menschlichen Katastrophen», schrieb François-René de Chateaubriand 1797 in seiner Abhandlung über die Schweiz.

Da der schweizerische Bankensektor zum schwachen Glied der Schweizer Eidgenossenschaft geworden ist, wäre es angemessen, dass die ihm von unseren Damen und Herren Politikern entgegengebrachte Aufmerksamkeit und Energie (zur Rettung von etwas, was im Endeffekt nicht zu retten ist) nicht auf Kosten anderer Prioritäten und anderer Sektoren und insbesondere der Zusammenarbeit mit der Schweizer Jugend von morgen investiert wird.

Denn der junge Schweizer ist Hedonist. Ohne sein Smartphone und seine *20 Minuten* fühlt er sich verloren und verwaist. Freundschaft, Aufrichtigkeit, Treue und Optimismus: Seine Werte bleiben recht traditionell …

Er träumt davon, Eigentum zu erlangen, seine Wünsche zu verwirklichen und seine Talente zum Einsatz zu bringen. Die

Hälfte der jungen Schweizer hat allerdings nicht das Gefühl, dass die Gesellschaft sie wirklich benötigt.

Das enthüllt das Barometer 2012 vom Crédit Suisse über die Jugend. Ihre Werte sind natürlich vollkommen tugendhaft, aber auch bezeichnend für diese wohlhabende Nation ohne große Ambitionen, immer tadellos und anständig.

Folgende Frage drängt sich einem berechtigterweise auf: Sind diese Werte wirklich angemessen, um unsere Kinder auf die Welt von morgen vorzubereiten? Reichen diese Werte, die die Schweiz zu dem gemacht haben, was sie heute ist, dazu aus, diesen «außergewöhnlichen Wachtraum» fortwähren zu lassen?

«Keine Projekte, kein Ehrgeiz, kein Biss?», wie die Zeitung *Die Welt* über die deutsche Jugend schrieb. Gilt das heute auch für unsere Alpenrepublik?

Ist die Schweizer Jugend (abgesehen von der immigrierten Jugend) nicht einfach übersättigt? Zu verwöhnt? Zu privilegiert? Ohne weitere Herausforderungen, als an den eigenen Komfort zu denken?

Es ist schon richtig, dass Heidiland für alle diejenigen ein Land der vielen Möglichkeiten ist, die diese Möglichkeiten zu ergreifen wissen. Oftmals sind es genau die Einwandererkinder, die motivierter und ehrgeiziger und im Beruf erfolgreicher sind.

Wie wird also der gesellschaftliche Aufstieg für die Müller, Meier, Schmid, Rochat, Ducommun, Bolomey und Deillon aussehen, diese Schweizer, die schon seit dem zarten Kindesalter (fast) alles richtig gemacht haben (und niemand ihnen das übel nimmt)?

Das Dilemma dieser nicht aus Immigrantenfamilien stammenden Generation liegt darin, dass sie ihre Eltern nur sehr schwer überbieten können. Warum also überhaupt versuchen, sich selbst zu übertreffen, wenn das Kosten-Nutzen-Verhältnis von vornherein negativ ist? Dann verzichtet man lieber gleich darauf, «sich das Leben schwer zu machen».

Dabei ist es mittlerweile lebensnotwendig geworden, sich das Leben ein wenig schwer zu machen, sich zu engagieren und sich einzusetzen. Es liegt an uns, sie zu inspirieren und zu stimulieren. Es ist unumgänglich geworden, ihnen Vertrauen zu schenken und sie zu der Erkenntnis zu bewegen, dass sie ihre Interessen verteidigen und einen «anderen Wohlstand» entwickeln müssen, wie er von Stéphane Garelli gefordert wird: «Wir müssen in der Schweiz an der Lebensqualität, der Gesundheit und an einem Wachstum arbeiten, das auf nachhaltiger Entwicklung beruht.»

Die Schweiz verfügt zudem über brillante Köpfe und zweifelsohne geeignete Ideen, um sich die Gesellschaft von morgen vorzustellen, wie der Thinktank «Foraus – Forum für Außenpolitik» in seinem Plädoyer über die Entfaltung einer «Kultur der zukunftsgerichteten öffentlichen Überlegung» hervorhebt.

Lassen wir uns nicht länger in eine Form pressen!

Abschließend acht kurz gehaltene Vorschläge, die dazu dienen sollen, eine Diskussion zu entfachen, zu inspirieren und junge Menschen mit dem Willen, die Schweiz von 2030 mitzugestalten, mit einzubeziehen.

1. Ausarbeitung der Vision 2030 für die Schweiz in Form eines gemeinschaftlichen und digitalen Projekts, wie «What if die Schweiz?» oder «Heidi 2030». Beispielsweise in Zusammenarbeit mit der Schweizerischen Arbeitsgemeinschaft der Jugendverbände (SAJV), dem Dachverband der Jugendorganisationen in der Schweiz. In Frankreich hat beispielsweise eine Online-Umfrage über 135 000 junge Menschen zwischen 18 und 34 Jahren zusammengebracht.

2. Einrichtung von Zellen zur strategischen Frühaufklärung in den Schweizer Institutionen, zumindest auf kantonaler Ebene, wie es bereits von einigen französischen Departements gehandhabt wird. Sensibilisierung, Vorbereitung und Schulung der politischen Akteure, zum Beispiel anlässlich ihrer Sommeruniversitäten.

3. Kurse zur strategischen Frühaufklärung ab der Sekundarstufe, ähnlich wie Geschichtsunterricht; was manche amerikanische Universitäten im Rahmen des Bachelors bereits anbieten.

4. Verpflichtung zu einem aktiven Zivilengagement während der Pflichtschulzeit, zumindest auf kommunaler Ebene.

5. Wahlpflicht zwischen 18 und 30 Jahren. Wie in Australien, Luxemburg und Brasilien oder im Kanton Schaffhausen, die alle Bürger, die ihr Wahlrecht nicht ausüben, mit einem Bußgeld bestrafen.

6. Teilnahme an Kursen zu «Mäßigung» und «nachhaltiger Entwicklung» sowie Reflexionen über den «anderen Wohlstand».

7. Eine zweite Landessprache als Pflichtfach und eine Sensibilisierung für Chinesisch (gegebenenfalls für Mandarin) in der Grundschule. Mandarin als dritte Fremdsprache ab der Sekundarstufe, wie es bereits von einigen privaten Schweizer Schulen angeboten wird. Der sehr aufschlussreiche Bericht von «Languages for the Future», der vom British Council 2014 veröffentlicht wurde, hat Mandarin neben Russisch, Türkisch und Portugiesisch als wichtigste Sprache angeführt, die wir bis 2035 erlernen sollten.

8. Die Förderung eines Zivildienstes im Ausland für Entwicklungsprojekte, ähnlich wie das VIE (Volontariat International en Entreprises – Internationales Volontariat in Unternehmen), das in Frankreich eingeführt wurde. Es wäre als Ersatz zum Militärdienst für alle Schweizer und Schweizerinnen, die nicht zum Militärdienst eingezogen werden können, Pflicht.

Wir müssen inspirieren, stimulieren und fördern, damit die Schweizer Eidgenossenschaft, die für ihre ausgezeichnete Verwaltung bekannt ist, zu einer Gemeinschaft bewundernswerter Visionäre wird.

Wir sagen Nein zu einer Schweiz ohne Vision!

Wann wird es endlich ein Eidgenössisches Departement für Zukunftsangelegenheiten geben?

@HeidiRevToi
www.heidireveilletoi.ch

Anhänge

ANHANG 1

GLOBALE TRENDS 2030 IM ÜBERBLICK

MEGATRENDS	
Individueller Machtzuwachs	Der individuelle Machtzuwachs wird sich beschleunigen durch die Reduzierung von Armut, das Wachsen der Mittelschicht, bessere Ausbildungsmöglichkeiten, die weitverbreitete Nutzung neuer Kommunikationsmittel und Herstellungstechnologien und durch Fortschritte im Gesundheitswesen.
Machtverteilung	Es wird keine Hegemonialmacht mehr geben. Die Macht wird in einer multipolaren Weltordnung auf Netzwerke und Koalitionen übergehen.
Demografische Muster	Der demografische Bogen der Instabilität wird enger. Das Wirtschaftswachstum lässt die Länder «altern». 60 Prozent der Weltbevölkerung wird in urbanisierten Gebieten leben, die Migration nimmt zu.
Verknüpfung von Nahrung, Wasser, Energie	Die Nachfrage für diese Ressourcen wird durch die wachsende Weltbevölkerung erheblich steigen. Die Beseitigung von Problemen, die mit einem dieser Güter zusammenhängen, steht mit der Zulieferung und der Nachfrage für die anderen im Wechselspiel.

SPIELVERÄNDERNDE FAKTOREN	
Krisengeschüttelte Weltwirtschaft	Werden die globale Volatilität und die weltweiten Ungleichgewichte zwischen den verschiedenen Akteuren mit unterschiedlichen wirtschaftlichen Interessen einen Zusammenbruch herbeiführen? Oder wird eine größere Multipolarität vielmehr zu einer wachsenden Flexibilität der wirtschaftlichen Weltordnung führen?
Regierungskluft	Werden Regierungen und Institutionen in der Lage sein, sich schnell genug dem tief greifenden Wandel anzupassen, anstatt sich davon überwältigen zu lassen?
Potenzial für zunehmende Konflikte	Werden schnelle Machtwechsel und -verlagerungen vermehrt zu zwischen- oder innerstaatlichen Konflikten führen?
Ausdehnung regionaler Instabilität	Wird regionale Instabilität, vor allem im Mittleren Osten und Südasien, übergreifen und zu globaler Unsicherheit führen?
Einfluss neuer Technologien	Werden rechtzeitig technologische Durchbrüche erzielt, um die Wirtschaftsproduktivität zu stimulieren und um die durch die wachsende Weltbevölkerung, schnelle Urbanisierung und Klimawandel verursachten Probleme zu lösen?
Rolle der USA	Werden die USA in der Lage sein, neue Partner zu finden, um das internationale System neu zu überdenken?

POTENZIELLE WELTEN	
Stillstand	Bei dem wahrscheinlichsten Worst-Case-Szenario nehmen die Risiken von zwischenstaatlichen Konflikten zu. Die USA kapseln sich von der Außenwelt ab, und die Globalisierung kommt zum Stillstand.
Fusion	Bei dem wahrscheinlichsten Best-Case-Szenario arbeiten China und die USA in zahlreichen Angelegenheiten zusammen, was zu einer breiteren weltweiten Kooperation führt.
Flaschengeist	Ungleichheiten explodieren, da einige Länder zu den großen Gewinnern zählen werden, während andere versagen. Soziale Spannungen innerhalb der Länder nehmen durch diese Ungleichheiten zu.
Staatenlose Welt	Die von neuen Technologien angetriebenen nicht-staatlichen Akteure übernehmen die Führung im Umgang mit globalen Herausforderungen.

Aus: US National Intelligence Council: Globale Trends 2030. Alternative Worlds.

ANHANG 2

Tektonische Verschiebungen zwischen heute und 2030

Zuwachs der weltweiten Mittelschicht	Die Mittelschichten rechnen in fast allen Industrieländern mit einer erheblichen Ausdehnung, sowohl in absoluten Zahlen als auch in Prozentanteilen der Bevölkerung, die in den nächsten 15–20 Jahren den Mittelstandstatus erreichen können.
Breiterer Zugang zu tödlichen und umwälzenden Technologien	Ein breiteres Spektrum an Kriegsinstrumenten, vor allem Fähigkeiten für Präzisionsangriffe, Internet-Instrumente, und Bioterror-Waffen werden zugänglicher. Einzelpersonen und kleine Gruppen werden in der Lage sein, groß angelegt Gewalt und Chaos zu verbreiten, was zuvor ein Monopol der Staaten war.
Definitive Verlagerung der Wirtschaftsmacht nach Osten und Süden	Der Anteil der USA, Europas und Japans am Welteinkommen wird voraussichtlich von den heutigen 56 Prozent bis 2030 auf unter die Hälfte zurückgehen. 2008 übertraf China die USA als weltgrößter Sparer. Bis 2020 wird sich der Anteil der aufstrebenden Märkte an den Finanzmitteln voraussichtlich verdoppeln.

Beispiellose und weitverbreitete Alterung	Während 2012 die Bevölkerung nur in Japan und Deutschland das Durchschnittsalter von 45 Jahren überschritten hat, werden bis 2030 die meisten europäischen Länder, Südkorea und Taiwan zu dieser reifen Alterskategorie gehören. Die Migration wird sich globalisieren, da reiche Länder und Entwicklungsländer beide unter Arbeitskräftemangel leiden.
Urbanisierung	Die sich derzeit auf ca. 50 Prozent belaufende Stadtbevölkerung wird bis 2030 auf fast 60 Prozent oder 4,9 Milliarden Menschen ansteigen. Afrika wird Asien nach und nach als Region mit höchster Urbanisierungswachstumsrate ersetzen. Es wird geschätzt, dass Stadtzentren 80 Prozent des Wirtschaftswachstums ausmachen, da ein Potenzial zur Anwendung moderner Technologien und Infrastrukturen vorliegt, die eine bessere Nutzung seltener Ressourcen ermöglichen.
Lebensmittel- und Wasserknappheit	Die Nachfrage für Nahrung wird bis 2030 voraussichtlich um mindestens 35 Prozent steigen, während die Nachfrage für Wasser um 40 Prozent steigt. Fast die Hälfte der Weltbevölkerung wird in Gebieten mit schwerwiegendem Wasserstress leben. Anfällige Staaten in Afrika oder im Mittleren Osten werden von Nahrungs- und Wassermangel bedroht. China und Indien sind ebenfalls gefährdet.

Energieautonomie der USA	Durch Schiefergas werden die USA ausreichend Naturgas besitzen, um die nationale Nachfrage zu stillen und potenziell für die nächsten Jahrzehnte weltweite Exportüberschüsse zu erzeugen. Eine steigende Ölproduktion aus schwer zugänglichen Ölvorkommen würde zu einer erheblichen Verringerung der amerikanischen Netto-Handelsbilanz und beschleunigtem Wirtschaftswachstum führen. Die weltweiten Reservekapazitäten könnten über 8 Millionen Barrels überschreiten. Das würde dazu führen, dass die OPEC die Preiskontrolle verliert und die Ölpreise einbrechen, mit immensen Negativauswirkungen für die Öl exportierenden Länder.

ANHANG 3

PERSPEKTIVEN 2025 – KURZÜBERSICHT DER SZENARIEN FÜR DIE SCHWEIZ

Globale Integration / Regionale Integration

Die Schweiz befindet sich in einer multipolaren Welt mit hohen Wachstumsraten, die in starken globalen Institutionen erfolgreich gesteuert wird. Der Innovationsdruck ist hoch: Das sehr dynamische Umfeld stellt hohe Ansprüche an die Anpassungs- und Veränderungsfähigkeit von Wirtschaft, Politik und Gesellschaft. Politischer Bedeutungsverlust und Marginalisierung sind zentrale Herausforderungen für den Kleinstaat. Die Schweiz ist dem EWR beigetreten. Sie hat das Recht des EU-Binnenmarkts übernommen, unterhält aber gleichzeitig weltweite Freihandelsverträge. Eine von hoher Mobilität geprägte globale Identität kennzeichnet das Leben in der Schweiz. Der zunehmende gesellschaftliche Pluralismus bringt ein hohes Mass an Weltoffenheit mit sich, führt aber auch zum Verlust von gemeinsamen Werten und Identität. Fragen der Rohstoffversorgung und der Klimaerwärmung stehen weit oben auf der internationalen Agenda.

Globale Integration / Regionale Fragmentierung

Die Schweiz befindet sich in einer Welt, in der sich der Transfer von Wirtschafts- und globaler Deutungsmacht von West nach Ost beschleunigt hat. Das latente globale Konfliktpotenzial wird mit Hilfe erfolgreich reformierter internationaler Institutionen und Gremien kanalisiert. Das regionale Umfeld der Schweiz dagegen findet seit Jahren nicht aus einer tiefgreifenden wirtschaftlichen und politischen Krise heraus. Im globalen Rahmen hat die Schweiz ebenfalls an Attraktivität als Wirtschaftsstandort eingebüsst. Gegenüber dem regionalen Umfeld haben sich ihre komparativen Vorteile jedoch eher noch verstärkt. Da sich die Politikbereiche, welche im Rahmen der EU behandelt werden, nicht weiterentwickeln, kann die Schweiz ihre Zusammenarbeit mit der EU nicht ausbauen. Allgemein ist die Schweiz bestrebt, sich verstärkt auf den asiatischen Raum auszurichten.

Globale Fragmentierung / Regionale Fragmentierung

Die Schweiz befindet sich in einer instabilen und unsicheren Welt mit hohem Konfliktpotenzial. Die in ständiger Konkurrenz zueinander stehenden Grossmächte verfolgen eine egoistische Aussen- und Wirtschaftspolitik. Traditionelle zwischenstaatliche Politik sowie themenspezifische und opportunistische Allianzen schwächen die internationalen Institutionen und Regelwerke. Wie andere Staaten kämpft auch die Schweiz seit mehreren Jahren erfolglos gegen ein tiefes Wirtschaftswachstum, das den sozialen Frieden gefährdet. Sie begibt sich nur dort in vertragliche Bindungen, wo diese unabwendbar erscheinen. Angesichts der schwierigen weltpolitischen und weltwirtschaftlichen Lage besinnt sich die Schweiz auf traditionelle Werte wie Bescheidenheit, Genügsamkeit, Leistungswille, Solidarität und Pioniergeist.

Globale Fragmentierung / Regionale Integration

Die Schweiz, geografisch in deren Zentrum gelegen, sieht sich einer EU gegenüber, die zur globalen Gestaltungsmacht geworden ist und die ihre Vormachtstellung mit protektionistischen Mitteln wahrt. Ausserhalb Europas hat die wirtschaftliche und politische Fragmentierung zur Bildung von regionalen Machtblöcken geführt. Weltweit findet eine Rückbesinnung auf regionale, nationale und lokale Identitäten statt. Die Dominanz der Bezüge zur EU ebnet der Schweiz den Weg zum EU-Beitritt. Die Schweizer Wirtschaft, allen voran der Finanzplatz, profitiert mehrheitlich vom einheitlichen und geschützten Markt in Europa. Gleichzeitig stellt die bevorstehende vollständige Integration in die EU und die damit verbundene Wahrnehmung einer weiteren Einschränkung des eigenen Handlungsspielraums die Schweiz intern vor eine grosse politische und gesellschaftliche Zerreissprobe.

PERSPEKTIVEN 2025 – 12 HERAUSFORDERUNGEN, DENEN SICH DIE SCHWEIZ IN DEN KOMMENDEN 10 BIS 15 JAHREN STELLEN MUSS

Die im Gesamtprozess identifizierten strategischen Herausforderungen für die Schweiz in den kommenden 10 bis 15 Jahren, und teilweise darüber hinaus, sind:

Politik		
	1)	Die Schweiz regional und global positionieren und ihren Handlungsspielraum optimieren
	2)	Neue Gefahren frühzeitig erkennen und die Sicherheit (nach innen und aussen) gewährleisten
	3)	Die Handlungsfähigkeit von Staat und Institutionen erhalten und verbessern
Wirtschaft	4)	Die Standortattraktivität und die Wettbewerbsfähigkeit der Schweiz sichern
	5)	Die Finanzierbarkeit der Staatstätigkeit sicherstellen
Gesellschaft	6)	Gesellschaftliche und kulturelle Spannungen frühzeitig erkennen und das Bewusstsein für gemeinsame Werte stärken
	7)	Die demografische Entwicklung antizipieren; kompetenten Nachwuchs für Wirtschaft, Forschung und Milizsystem fördern sowie eine vorausschauende Migrations- und Integrationspolitik sicherstellen
	8)	Die Kosten im Gesundheitssektor ohne Qualitätseinbussen stabilisieren
Umwelt / Infrastruktur	9)	Die Folgen des Klimawandels eindämmen und Anpassungsmassnahmen einleiten; die Ressourcen und die Energieversorgung langfristig sichern
	10)	Die Chancen der Informations- und Kommunikationstechnologien nutzen und die Verwundbarkeiten im Bereich der Infrastruktur reduzieren
	11)	Die Infrastruktursubstanz erhalten und ihre Finanzierung sicherstellen
	12)	Die Chancen der Metropolisierung nutzen und die Risiken bei der Siedlungsentwicklung minimieren

Abkürzungen

ABB Asea Brown Boveri
AIFMD Alternative Investment Fund Managers Directive
ASEAN Association of South East Asian Nations
BENIVM Bangladesch, Äthiopien, Nigeria, Indonesien, Vietnam und Mexiko
BIP Bruttoinlandsprodukt
BP British Petroleum
BRICS + MIST + Taiwan
BRICS Brasilien, Russland, Indien, China und Südafrika
BRIICSSAMT Brasilien, Russland, Indien, Indonesien, China, Südafrika,
    Saudi-Arabien, Argentien, Mexiko und die Türkei
CIVETS Kolumbien, Indonesien, Vietnam, Ägypten, Türkei und Südafrika
CSS Center for Security Studies
EAGLEs Emerging and Growth-Leading Economies EDA Eidgenössisches
    Departement für auswärtige Angelegenheiten
EFD Eidgenössisches Finanzdepartement
EMIR European Market Infrastructure Regulation
FATCA Foreign Account Tax Compliance Act
FIFA Fédération Internationale de Football Association
IMD International Institute for Management Development
JAFRU Japan, Deutschland, Frankreich und das Vereinigte Königreich
KAG Kollektivanlagengesetz
KMU Kleine und mittlere Unternehmen
LVMH Moët Hennessy – Louis Vuitton
MiFID Markets in Financial Instruments Directive
MIST Mexiko, Indonesien, Südkorea und die Türkei
NAFTA North American Free Trade Agreement
NBIC Nanotechnology, Biotechnology, Information technology, Cognitive
    science
NDB Nachrichtendienst des Bundes
NEXT Eleven Ägypten, Bangladesch, Indonesien, Iran, Mexiko, Nigeria,
    Pakistan, Philippinen, Südkorea, Türkei und Vietnam
NGO Non-governmental organisation
NIC National Intelligence Council
NSA National Security Agency
OECD Organisation for Economic Co-operation and Development
PETA People for the Ethical Treatment of Animals
PPR Pinault-Printemps-Redoute
PwC PricewaterhouseCoopers

SAJV Schweizerische Arbeitsgemeinschaft der Jugendverbände
UBS Union des Banques Suisses
UNO United Nations Organization
WBF Eidgenössisches Departement für Wirtschaft, Bildung und Forschung
WIPO World Intellectual Property Organization

LITERATURVERZEICHNIS

ATTALI Jacques, Urgences françaises, Paris: Fayard, 2013.

COLLINS Jim, «How the Mighty Fall» (siehe Businessweek Mai 2009 und Internet).

GARÇON François, Le modèle suisse, Paris: Perrin, 2011.

GIRARD René, Der Sündenbock, Benziger: 1998.

HABERMANN Gerd, Die Geheimnisse eines Sonderfalls, Schweizerische Gewerbezeitung, 8. Februar 2013
http://www.gewerbezeitung.ch/de/news/2013/2/8/die-geheimnisse-eines-sonderfalls-.aspx

HESSEL Stéphane, Empört Euch!, Ullstein 2011 (zahlreiche Nachauflagen und Übersetzungen).

Ideen für die Schweiz, Avenir Suisse (mit Gerhard Schwarz u. a.), Verlag Neue Zürcher Zeitung, Februar 2013.

KEMPF Hervé, Fin de l'Occident, naissance du monde, Paris: Seuil, 2013.

MARQUAND David, The End of the West: The Once and Future of Europe, Princeton: Princeton University Press, 2011.

SALMON Robert & LINARES DE Yolande, Global denken, global gewinnen, Gabler Verlag. 1998.

SALMON Robert, 21 défis pour le XXIe siècle, Paris: Economica, 2002.

SENGE Peter, The Fifth Discipline: The Art & Practice of The Learning Organization, Doubleday/Currency, 1990 (Neuauflage Deckle Edge/Cornerstone Digital, 2010).

Société Privée de Gérance, Revue Immorama, Nummer 31, Herbst 2012.

Swiss Trading SA. La Suisse, le négoce et la malédiction des matières premières (Déclaration de Berne, éd.), Lausanne: Éditions d'en bas, April 2012 (2. Neuauflage).

VOLTAIRE, Œuvres complètes de Voltaire: Correspondance générale, Lettre à James Mariott, Paris: Lefèvre Deterville, 1818 (digitale Neuauflage).

Eingesehene Webseiten

Administration Fédérale. <http://www.bfs.admin.ch/bfs/portal/fr/index/themen/06/05/blank/key/handelsbilanz.html>, eingesehen am 17. Juni 2013.

Administration Fédérale. Allocution du 1er août 2013 du Président de la Confédération Ueli Maurer. <http://www.news.admin.ch/message/index.html?lang=fr&msgid=49786>, eingesehen am 15. August 2013.

Agefi.com. Francois Schaller, «Suisse et nouveau tiersmonde», <http://agefi.com/une/detail/artikel/le-g20-represente-deux-tiers-de-la-demographie-mondiale-les-autres-etats-ne-comptent-plus-il-ny-a-pas-de-probleme-plusimportant-que-celui-la-actuellement-en-suisse.html>, eingesehen am 24. Oktober 2013.

Alternatives Economiques. Chindiafrique. La Chine, l'Inde et l'Afrique feront le monde de demain. <http://www.alternatives-economiques.fr/chindiafrique—la-chine—l-indeet-_fr_art_1190_62581.html>, eingesehen am 20. August 2013.

Aperture Financial News Nr. 6. «La place financière suisse au bord du gouffre?», Dominique Morisod, eingesehen am 6. November 2013.

Booz & Co. Strategy+Business, Big Pharma's Uncertain Future, Spring 2012. <http://www.strategy-business.com/article/00095?gko= 777a7>, eingesehen am 20. Juli 2013.

César.fr. <http://cesar.fr/herve-kempf-314-2013>, eingesehen am 20. August 2013.

Chancellerie Fédérale. Perspectives 2025, 2011. <http://www.bk.admin.ch/themen/planung/04632/index.html?lang=fr>, eingesehen am 18. Mai 2013.

Commission Européenne. Global Europe 2050, 2012. <http://ec.europa.eu/research/social-sciences/pdf/global-europe-2050-report_en.pdf>, eingesehen am 8. Juni 2013.

Cornell/Insead/Wipo. The Global Innovation Index 2013. <http://www.globalinnovationindex.org/content.aspx?page=gii-full-report-2013>, eingesehen am 15. August 2013.

Crédit Suisse. Baromètre de la Jeunesse 2012. <https://www.credit-suisse.com/ch/fr/news-and-expertise/ publications/bulletin/barometer/youth-barometer.html>, eingesehen am 20. August 2013.

Crédit Suisse. Baromètre des préoccupations du Crédit Suisse 2012. <https://www.credit-suisse.com/ch/fr/news-and-expertise/publications/bulletin/barometer/swiss-worry-barometer.html>, eingesehen am 15. Juli 2013.

Crédit Suisse. Bulletin 6/12, Suisse: les 7 secrets de sa réussite. <https://www.credit-suisse.com/ch/fr/news-and-expertise/publications/bulletin/editions/2012/6-12-switzerland.article.html/article/pwp/news-and-expertise/2012/12/fr/switzerlands-seven-secrets-for-success.html>, eingesehen am 5. April 2013.

Deloitte. The Deloitte Swiss Watch Industry Study 2012, Timing the future. <http://www.deloitte.com/assets/Dcom-Switzerland/Local%20Assets/ Documents/EN/Survey/Watch/2012/ch_en_Swiss_Watch_Industry_Study_2012.pdf>, eingesehen am 18. Juni 2013.

DFAE/DFF/DEFR. 2013. <http://www.news.admin.ch/NSBSubscriber/ message/attachments/30134.pdf>, eingesehen am 15. Mai 2013.

The Economist. <http://www.economist.com/news/specialreport/21571555- offshore-industrys-centre-gravity-shifting-eastwards-rise-midshores?zid= 307&ah=5e80419d1bc9821ebe173f4f0f060a07>, eingesehen am 4. Juli 2013.

Etudiants.ch. etumag. <http://www.etumag.ch/cms/etumag/052/dessinons- la-suisse-de-demain>, eingesehen am 20. August 2013.

http://www.gewerbezeitung.ch/de/news/2013/2/8/die-geheimnisse-eines- sonderfalls-.aspx

IMD. World Competitiveness Report 2013. < http:// www.imd.org/news/ IMD-announces-its-2012-World-Competitiveness-Rankings.cfm>, einge- sehen am 20. Juni 2013.

Manageris. <http://www.manageris.com/fr-synthese-les-piegesdu-succes-381. html#sthash.h86nWxXx.dpuf>, eingesehen am 25. Mai 2013.

Le Monde.fr. La Planète en 2030 vue par les services de renseignement améri- cains. <http://passeurdesciences.blog.lemonde.fr/2012/12/23/la-planete- en-2030-vue-par-les-services-de-renseignement- americains/>, eingesehen am 26. Januar 2013.

OECD. OECD Better Life Index 2012. <http://www.oecdbetterlifeindex.org/>, eingesehen am 4. August 2013.

Price Waterhouse Cooper. From vision to decision: Pharma 2020, 2012. <http://www.pwc.com/jp/ja/japan-knowledge/archive/ assets/pdf/pharma-2020-vision-to-decision.pdf>, eingesehen am 15. Au- gust 2013.

Services de Renseignements de la Confédération. SRC, La Sécurité de la Suisse. Rapport de situation 2013. <http://www.vbs.admin.ch/internet/ vbs/fr/home/documentation/publication/snd_publ.parsys.97658.down- loadList.8721.DownloadFile.tmp/07ndblageberichtfwebversion.pdf>, eingesehen am 15. Mai 2013.

Société JOL Press Editions. Un autre regard sur le monde. <http://www. jolpress.com/brics-civets-eagles-economies-emergentes-article-820642. html>, eingesehen am 10. September 2013.

Swissinfo.ch. <http://www.swissinfo.ch/fre/economie/ Repit_pour_le_negoce_des_matieres_premieres_en_Suisse. html?cid=35564792>, eingesehen am 20. Juni 2013.

#Tell Me. La Suisse racontée autrement, Dominique Dirlewanger, <http:// www.dirlewanger.ch/images/01main/conference/2010mythes.pdf>, einge- sehen am 2. September 2013.

World Economic Forum. The Travel & Tourism Competitiveness Report
 2013. <http://www3.weforum.org/docs/WEF_TT_
 Competitiveness_Report_2013.pdf>, eingesehen am 20. Juli 2013.
World Economic Forum. The Global Competitiveness Report 2012–2013.
 <http://www3.weforum.org/docs/WEF_Global
 CompetitivenessReport_2012-13.pdf>, eingesehen am 21. Juli 2013.
World Economic Forum. The Re-emergence of Europe, Report 2012.
 <http://www3.weforum.org/docs/WEF_KSC_Re-emergence
 Europe_2012.pdf>, eingesehen am 25. August 2013.

DANK

Wir möchten uns bei Lars Schultze-Kossack von der Literarischen Agentur Kossack bedanken, unserem Verleger, der uns sein Vertrauen geschenkt hat.

Wir möchten zudem Antoine Faivre und Isabelle Valticos unsere Anerkennung aussprechen, die uns geholfen haben, das Manuskript zugänglicher zu machen.

Unser ganz besonderer Dank geht an Dominique Morisod für die Qualität der zur Verfügung gestellten Daten und für die erteilten Ratschläge.

Abschließend auch ein Dankeschön an die Personen, die überwiegend aus dem politischen Ökosystem der französischen Schweiz stammen und ihre innovativen Ideen für die Zukunft der Schweiz uneingeschränkt mit uns geteilt haben. Dies allerdings unter der Bedingung, nicht namentlich erwähnt zu werden, da sie befürchten, sich erneut der Missbilligung ihrer Vorgesetzten auszusetzen.

Für unsere Kinder, die eventuell zu den «Handwerkern» dieser neuen Schweiz gehören werden.

Robert Salmon war Vizepräsident des französischen Kosmetikkonzerns L'Oréal und Generaldirektor der Abteilung für Zukunftsstrategien. Heute arbeitet er als Berater und Autor. Er ist Mitglied im Global Advisory Council der World Future Society.

Der diplomierte Chemie-Ingenieur mit einem MBA-Titel der INSEAD ist ein ausgezeichneter Kenner der Schweiz, da seine Mutter ihre Wurzeln in Murten und Fleurier hatte.

Robert trug in den 37 Jahren seiner Karriere bei L'Oréal ausschlaggebend zum Aufbau des Bereichs Luxusprodukte bei und beendete seinen Werdegang als Senior-Vizepräsident dieser Abteilung sowie als strategischer Zukunftsberater für den gesamten Konzern.

Seit seinem Fortgang von L'Oréal berät Robert Salmon Luxusfirmen auf der ganzen Welt mit einem beeindruckenden Netz aus Geschäftskontakten und persönlichen Freundschaften.

Er hat sich seitdem in den Schweizer Alpen niedergelassen, seinem Ausgangspunkt zu Reisen durch die ganze Welt. Er hält regelmäßig Vorträge und ist Autor und Co-Autor zahlreicher Bestseller, die auf Französisch, Englisch, Deutsch, Chinesisch und Spanisch erschienen sind, darunter: Sauvez demain, mit einem Vorwort von Nicolas Hulot, 21 défis pour le XXI siècle, Global denken, global gewinnen, Les nouvelles technologies de l'information et l'entreprise, Les oubliés du monde.com und Alle Wege führen zum Menschen.

 Christopher H. Cordey, @futuratinow, ist CEO von futuratinow.com, einem Consulting-Büro für Zukunftsberatung. Er ist Professor für Leadership im Change Management, Zukunftsberatung und Sozialverantwortung, Gründer vom Sustainable Luxury Forum, Mitglied der World Future Society und der Association of Professional Futurists.

Baby-Boom-Globetrotter, Künstler & Maler, Rulebreaker, Wachrüttler, Change Manager. Seine Arbeit steht an der Weggabelung zwischen #Singularität #Gamification #Luxus #Lifelonglearning #Global Affairs #Sustainability.

Cordey begleitet seit 2008 als Stratege Aufsichtsräte, Geschäftsleitungen und Führungsteams, um die Entwicklung ihrer Unternehmen vorherzusehen, sie neu zu überdenken, neu zu definieren und umzustrukturieren. Er wird regelmäßig berufen, für Anregungen bei Workshops für Thinktanks und strategische Früherkennung zu sorgen. Er ist in den Bereichen Luxus, Kunst, Wellness, Schönheit, Ausbildung, Massen-Konsumgüter und Dienstleistungen tätig.

Zudem hat er das Sustainable Luxury Forum gegründet, ein Thinktank, der Luxusmarken, NGOs und akademische Einrichtungen zusammenführt. Er lehrt am International Management Institute von Kiew/Ukraine, an der Business School Lausanne und an der Grenoble Graduate School of Business. Für Vorträge reist er rund um den Globus.

Zuvor hat Cordey über 20 Jahre in multinationalen Konzernen, Start-ups und mittelständischen Unternehmen in der Schweiz, in Europa und im Asien-Pazifik-Raum gearbeitet, u.a. für Philip Morris, Movado, Richemont und Clarins. Er hat in Japan und Malaysia gelebt.